应用型本科院校

优秀教学团队建设与管理

赵冰华 著

东南大学出版社
·南京·

图书在版编目(CIP)数据

应用型本科院校优秀教学团队建设与管理 / 赵冰华著. —南京：东南大学出版社，2019.12
　ISBN 978-7-5641-8645-6

　Ⅰ.①应… Ⅱ.①赵… Ⅲ.①高等学校-师资队伍建设-研究 Ⅳ.①G645.12

中国版本图书馆 CIP 数据核字(2019)第 263843 号

应用型本科院校优秀教学团队建设与管理
Yingyongxing Benke Yuanxiao
Youxiu Jiaoxue Tuandui Jianshe Yu Guanli

著　　者	赵冰华
出版发行	东南大学出版社
社　　址	南京市四牌楼 2 号　邮编：210096
出 版 人	江建中
责任编辑	戴坚敏
网　　址	http://www.seupress.com
电子邮箱	press@seupress.com
经　　销	全国各地新华书店
印　　刷	南京京新印刷有限公司
开　　本	700 mm×1000 mm　1/16
印　　张	10.5
字　　数	269 千字
版　　次	2019 年 12 月第 1 版
印　　次	2019 年 12 月第 1 次印刷
书　　号	ISBN 978-7-5641-8645-6
定　　价	59.00 元

(本社图书若有印装质量问题，请直接与营销部联系。电话：025 - 83791830)

前　言

随着我国高等教育大众化进程的推进,以及高等教育的大规模扩张,高等教育质量问题逐渐凸显。2007年,教育部、财政部《关于实施高等学校本科教学质量与教学改革工程的意见》中将教师队伍建设作为一个重要方面,要求高校"重点遴选和建设一批教学质量高、结构合理的教学团队,建设高效的团队合作机制,推动教学内容和方法改革及研究,促进教学研讨和教学经验交流,开发教学资源,推进教学工作的老中青相结合,发扬传、帮、带作用,加强青年教师培养"。自此,我国开启了高等学校本科教学质量工程建设的高潮,遴选出一大批国家级教学团队,涌现出大量研究高校教学团队建设的文献。分析后发现,这些教学团队和建设资料主要集中在对综合性大学、研究型大学或者职业学院,针对应用型本科院校的几乎没有。

2014年3月,我国教育部改革方向已经明确:全国普通本科高等院校1 200所学校中,将有600多所逐步向应用技术型大学转变,转型的大学本科院校占高校总数的50%。2016年3月,《国家十三五规划纲要》指出:"要全面提高教育质量,建设一流师资队伍,推进高等教育分类管理和高等学校综合改革,优化学科专业布局,改革人才培养机制,实行学术人才和应用人才分类、通识教育和专业教育相结合的培养制度,强化实践教学,着力培养学生创意创新创业能力。"同年,《江苏省十三五教育发展规划》中也提出"以提高高等教育质量为核心,鼓励具备条件的普通本科高校向应用型转变,扩大应用型、技术技能型人才的培养规模"的发展模式。基于应用型本科培养目标的不同,以及与研究型大学的较大区别,如何加强应用型本科院校优秀教学团队建设,推进教育教学改革,努力提高其教育教学质量业已成为我国高校改革与发展的一大主题,也是我国高等教育学界迫切需要研究的重要课题。

本书是江苏省教育科学"十三五"规划(青年专项高教重点)课题"应用型本科院校优秀教学团队建设研究"的研究成果,主要以体现时代精神和社会发展要求的人才观、质量观和教育观为先导,针对应用型本科的培养目标,结合应用型本科院校的特点,从教学团队的内涵、构成要素、特征等理论基础出发,探讨应用型本科院校教学团队建设存在的问题及原因,深入分析我国应用型本科院校建设教学团队的必要性和可行性,为建设教学团队寻找合理的外在联系和内在依据。在此基础上,借鉴管理学中的团队理论以及其他类型高校教学团队建设经验,通过南京工程学院"建筑专业基础"应用型教学团队的具体实践,介绍应用型本科院校优秀教学团队建设要遵循的基本原则、建设目标、创建路径、管理方法及发展策略,并在实践研究中发现问题、分析问题,提出完善和改进措施,以探索实用性强的应用型本科院校优秀教学团队的建设与管理模式。

本书区别于市面上管理学团队范畴书籍,专门研究应用型本科院校优秀教学团队的建设与管理,针对性和应用性强,不仅为广大高等教育工作者提供教学团队建设的理论依据,而且对应用型本科院校的教育决策和管理具有一定的参考意义和实践价值。

在此,非常感谢南京工程学院的何培玲、张士萍、余丽武、王伟、肖建强、喻骁、胡爱宇、尚纪斌、李映东、宋雅钦、牛龙龙、章艳、周丽杰等老师为"建筑专业基础"应用型教学团队工作所做的贡献。

限于作者的学识和"建筑专业基础"应用型教学团队实践工作的局限性,书中难免有不当及片面之处,恳请各位专家学者批评指正。

赵冰华

2019 年 12 月

目 录

第一章　教学团队理论概述 ………………………………………………… 1
　第一节　团队概述 ……………………………………………………………… 1
　第二节　团队的类型 …………………………………………………………… 5
　第三节　团队的发展历程 ……………………………………………………… 7
　第四节　高校教学团队的概念与特征 ………………………………………… 10
　第五节　高校教学团队的研究现状 …………………………………………… 13

第二章　应用型本科概述 …………………………………………………… 18
　第一节　应用型本科的概念 …………………………………………………… 18
　第二节　应用型本科院校的定位 ……………………………………………… 19
　第三节　应用型本科教学团队的内涵与特征 ………………………………… 25
　第四节　应用型本科院校教学团队的现状调查与分析 ……………………… 27

第三章　应用型本科院校优秀教学团队的创建 …………………………… 32
　第一节　教学团队建设遵循的原则 …………………………………………… 32
　第二节　应用型本科院校优秀教学团队的目标 ……………………………… 34
　第三节　应用型本科院校优秀教学团队创建的路径 ………………………… 39
　第四节　教学团队的结构 ……………………………………………………… 41
　第五节　"建筑专业基础"应用型教学团队的创建 ………………………… 44

第四章　应用型本科院校优秀教学团队成立期内部建设与管理 …… 47
第一节　应用型本科院校优秀教学团队的目标管理 …… 48
第二节　教学团队带头人领导力的建设 …… 59
第三节　制定教学团队的规章制度 …… 70
第四节　打造向上的教学团队精神 …… 77

第五章　应用型本科院校优秀教学团队运行期内部建设与管理 …… 86
第一节　促进教学团队的良好沟通 …… 86
第二节　科学处理教学团队中的冲突 …… 94
第三节　营造教学团队的有效激励 …… 104
第四节　培养和谐的教学团队文化 …… 111

第六章　应用型本科院校优秀教学团队的外部管理 …… 116
第一节　进行科学合理的教学团队绩效管理 …… 116
第二节　教学团队外部支持与资源保障 …… 131

第七章　应用型本科院校优秀教学团队的发展策略 …… 135
第一节　建设学习型教学团队 …… 135
第二节　建设创新型教学团队 …… 140
第三节　建设虚拟教学团队 …… 144
第四节　健全教学团队的知识共享机制 …… 145
第五节　实行教学团队的动态管理机制 …… 149

附录1　关于对高校教学团队建设的调查问卷 …… 150

附录2　基于CDIO模式的建筑工程专业制图类课程教育实施方案 …… 154

参考文献 …… 160

第一章

教学团队理论概述

从管理学的角度分析,组织(Organization)是指具有明确的目标导向、精心设计的结构和有意识协调的活动系统,同时又与外部环境保持密切联系的一个社会实体,比如企业、学校、党团组织等。本章所涉及的个体、团队和群体都是属于组织的一部分。

第一节 团队概述

一、团队的概念和内涵

自20世纪80年代被引入企业管理中至今,"团队"在各个行业都非常盛行,现代管理也越来越重视"团队"的建设和管理,认为团队克服了个人缺陷和能力不足,能够创造更高的绩效,实现更大的目标。比如能充分利用资源、增强组织效能、提高组织决策、提升组织内在的工作动力、增强凝聚力、充分体现人本管理、多方面促进组织效益提高等。

"团队"(Team)的概念最初诞生在企业管理中,通常指工作团队(Work Team)。"团队"一词在汉语词典中是指"具有某种性质的集体,或有共同目的、志趣的人所组成的集体"。著名管理学家斯蒂芬·罗宾斯认为:"团队是一种为了实现某一目标而由相互协作的个体所组成的正式群体,其基本特征是实现集体绩效的目标、积极的协同配合、个体或者共同的责任、相互补充的技能,其核心是团队精神。"彼得·德鲁克定义"团队是一些才能互补并为负有共同责任的统一目标和标准而奉献的少数人员的集合,其核心是共同奉献。"乔恩·卡曾巴赫则提出:"团队是由少数互补技能,愿意为了共同的目的、业绩目标和方法而相互承担责任的人们组成的群体。"

由此可见,"团队"产生于群体,又高于群体。其强调个人的业绩,更强调团队的整体业绩。团队在集体讨论研究和决策以及信息共享和标准强化的基础上,强调通过团队成员的奋斗得到最终成果,这些成果超过个人业绩的总和。

综合以上学术界较有说服力的团队概念,我们可以发现,团队一般有以下几个关键性特征:

(1) 团队有共同的目标。这个共同目标把大家集合在一起,是大家统一认可并为之努力的。有了明确清晰的目标,才能明确团队成员的角色和任务,进而制定工作计划并实施完成。

(2) 为了实现共同目标,团队成员要相互协作。之所以组成团队,就是因为团队成员无法单枪匹马地达到他们的目标,虽然每个团队成员具有不同的分工和岗位职责,但他们必须依赖彼此协作来达到共同的目标,比如技能互补、信息共享、资源共用等。

(3) 团队成员有共同责任和决策权。团队成员要为团队的成果承担共同责任,同时团队成员也具有管理自己岗位工作和内部各种流程的权限和决策权。

(4) 团队是有边界的,而且在一定时间内是相对稳定的。由于团队通常是少数人的集合,所以在整个组织或同类群体中,团队成员的身份是可以辨别的。有边界是指个体是否属于该团队,团队成员和非团队成员有明显的区分和辨识度,并且个体一旦加入某一团队之后是相对稳定的,合作时间都比较长,足以完成他们的共同目标。

(5) 团队不是一个孤岛,他们在一定的组织或社会体制内运作,通常需要从外部获取资源和支持,并接受外部的监督和管理。

二、群体的概念

"物以类聚,人以群分"。群体与个体相对,是个体的集合。不同个体按某种特征结合在一起,进行共同活动、相互交往,就形成了群体。个体往往通过群体活动达到参加社会生活并成为社会成员的目的,并在群体中获得安全感、责任感、亲情、友情、关心和支持等,比如班组、科室、教研室等。

肖(Shaw,1981)认为,群体由两个或更多相互作用和相互影响的个体所组成。他指出,所有的群体都有一个共同的特征,即群体成员间有着彼此的互动,而且群体的存在是有原因的。例如,为了满足某种需要,提供信息或者实现统一的目标等。

贝克(Back,1977)认为,对群体概念的理解,关键是它的所有成员彼此之间必须有一种可观察到的和有意义的联系方式;个体间的互动使人们成为一个群体,并为一个共同目标而努力奋斗。

越来越多的研究者认为,群体是所有上述含义或是具有更多含义的一种混合体。群体的主要特征在于群体成员之间的彼此互动、分享讯息,并作出有利于各自职责的决策,但成员技能差异化和依赖程度低,且不存在成员之间积极的协同机制。

三、团队与群体的区别

由团队和群体的概念可以看出,团队产生于群体而高于群体。团队是一个有机整体,团队成员除了应具有独立完成工作的能力之外,还具有与他人合作共同完成工作的能力以及奉献精神。团队的绩效源于团队成员个人的贡献,同时大于团队成员个人贡献的总和,也就是人们常说的$1+1>2$。而群体中成员没有协同工作的要求,群体的绩效就是群体成员个人绩效的总和。当然,优秀的工作群体由于已经产生一定的团队精神,比如互相帮助完成任务、相互信任等,其经过建设可以提升为团队。

团队与群体的区别如下:

(1)在领导方面。群体应该有明确的领导人;团队可能不一样,尤其团队发展到成熟阶段,成员共享决策权,分担领导权。

(2)目标方面。群体的目标必须与组织保持一致;但团队中除了这点之外,还可以有自己团队的共同目标。

(3)协作配合方面(或合作方面)。群体的合作性可能是中性,甚至有时是消极的,目的是利于各自的工作发展;但团队的合作是积极的、齐心协力的,是

应用型本科院校优秀教学团队建设与管理

为了团队的共同愿景而相互信任、不计个人得失的。

(4) 责任方面。群体的责任是个体化的,一般情况下领导属于行政岗位,要负很大责任(如经理、班组长、教研室主任等);而团队中的领导更多是负责人(或带头人)形式,不一定有行政职权,甚至承担跟普通成员一样的任务,他们的责任是共同的。

(5) 技能方面。群体成员的技能是随机或不同的,甚至是可以替换高同质化的;而团队成员的技能是相互补充、角色互补、相辅相成的。

(6) 成果方面。群体的成果是个人绩效;团队的成果是团队成员共同合作完成的产出,团队成员从中获得某种形式的集体回报,进而达成个人发展。

四、团队的构成要素

管理学中把团队构成的几个重要因素总结为5P。

1. 目标(Purpose)

每个团队都应该有一个既定的目标,为团队成员导航,指引团队成员向何处去、去多远。没有目标的团队是没有存在价值的团队。

团队的目标必须与组织的目标一致,此外还可以把大目标分成小目标具体分到各个团队成员身上,大家合力实现这个共同的目标。同时,目标还应该有效地向大众传播,让团队内外的成员都知道这些目标,有时甚至可以把目标贴在团队成员的办公桌上、会议室里,以此激励所有的人为这个目标去工作。

2. 人(People)

人是构成团队最基本、最核心的要素,一般2人以上就可以构成团队。目标是通过人员具体实现的,所以人员的选择是团队中非常重要的部分。在一个团队中可能需要有人出主意、有人订计划、有人实施、有人协调,还有人去监督团队工作的进展、评价团队最终的贡献。不同的人通过分工和承担岗位职责来共同完成团队的目标,在人员选择方面要考虑人员的能力如何、技能是否互补、人员的经验如何、是否符合团队的要求等。

3. 定位(Place)

团队的定位是指团队通过何种方式同现有的组织结构相结合,从而创造出新的组织形式,其中让来自不同领域的成员真正成为更具合作性的团队伙伴最为重要。

团队的定位包含两层意思：一个是团队整体的定位，在组织中处于什么位置，由谁选择和决定团队成员，团队最终应对谁负责，团队采取什么方式激励下属等；另一个是团队成员个体的定位，作为成员在团队中扮演什么角色，是出主意、订计划，还是具体实施或协调等。

4. 权限（Power）

权限是指团队担负的责任和相应享有的职权，即团队的工作范围和在某范围内决策的资助程度，是团队目标和定位的延伸。其中，团队领导（或带头人）的权力大小与团队的发展阶段相关。通常情况下，团队越成熟，领导者所拥有的权力相应越小；在团队发展的初期阶段，由于各项团队事务的培育和建设，领导权是相对比较集中的。

团队权限取决于两个方面：一是整个团队在组织中拥有什么样的决定权，比如财务决定权、人事决定权、信息决定权等；二是组织的基本特征，比如组织的规模大小、团队数量、组织对于团队的授权程度、团队的业务类型等。

5. 计划（Plan）

计划是用来指导团队成员在什么时间内做什么以及怎么做，一般包含两个层面的含义：(1)团体目标最终的实现，需要一系列具体的行动方案，可以把计划理解成目标的具体工作的程序。(2)提前按计划进行可以保证团队的顺利进度。只有在计划的操作下团队才会一步一步贴近目标，从而最终实现目标。

第二节 团队的类型

管理学家斯蒂芬·罗宾斯根据团队成员的来源、拥有自主权的大小以及团队存在的目的不同，将团队分为问题解决型、自我管理型和多功能型三种。随着科学技术的发展，基于网络信息通信技术的虚拟型团队也逐渐成为第四种团队类型。

一、问题解决型团队

在团队出现的早期，大多数团队都属于问题解决型团队，通常由同一个部门若干名员工临时聚集在一起而组成。团队成员定期碰头,就如何改进工作程序、方法等问题进行讨论,交换看法,并对如何提高生产效率和产品质量等问题提出建议。问题解决型团队的目标是提高生产质量、提高生产效率、改善企业工作环境等。但是,问题解决型团队的成员几乎没有什么实际权利来根据建议采取行动,也没有对自己形成的意见或建议单方面采取行动的决策权,对于调动团队成员参与决策过程的积极性方面不够,难以形成此方面的团队精神。

二、自我管理型团队

问题解决型团队在员工参与决策方面缺乏权力,功能不足。为了弥补这种不足,于是诞生了独立自主地解决问题,并对工作结果承担全部责任的团队,即自我管理型团队。自我管理型团队保留了工作团队的基本性质,运行模式方面增加了自我管理、自我学习、自我领导、自我负责和良好沟通等特征。

但是,需要注意的是,由于缺乏监督,自我管理型团队并不一定带来积极的效果。比如会出现缺勤率和流动率偏高等问题。这说明,对自我管理型团队这一形式的采用必须有一定的范围,需要有严格的管理制度,规范团队的行为。

三、多功能型团队

多功能型团队也叫跨职能团队,是团队形式的进一步发展,也是一种运用最广的团队形式。这种团队通常由来自同一等级、不同工作领域、跨越横向部门界限的员工组成,他们聚集在一起的目的就是完成某一项特定的任务。

多功能型团队是一种有效的形式,它能使组织内(甚至组织之间)不同领域员工之间交换信息、激发出新的观点、协调复杂的项目、解决面临的问题。但是,多功能型团队在其形成的早期阶段往往需要消耗大量的时间,使团队成员学会处理复杂多样的工作任务,使背景不同、经历和观点不同的成员之间建立起相互信任的关系。多功能型团队在实现隐性知识共享的过程中扮演着核心的作用,它可以使每个团队成员在进行交流与沟通的同时,增长跨专业化的知识。

四、虚拟型团队

随着科学技术的进步和发展,先进的多媒体网络、信息通信技术被普遍应用,同时也产生了一种新型的团队工作模式——虚拟型团队。虚拟型团队是人员分散于不同的地点但通过远距离通信技术一起工作的团队。其实质仍然由进行实际工作的真实的团队人员组成,这些人员可以跨越不同的组织,工作时间可以交错,为了某个共同的目标,在虚拟的工作环境下,利用电话、网络工具等进行工作事宜的讨论、沟通、协调、交流、分享,相互协作,共同完成任务。

虚拟型团队通常具有以下四个方面的特征:

(1) 团队成员具有共同的目标,这一点与其他团队类型一致。

(2) 团队成员工作地点的分散性。

(3) 采用电子沟通方式,如电话、邮件、聊天软件、传真、视频会议等方式。

(4) 宽泛型的组织边界,团队成员可以跨越不同的组织。

虚拟型团队由于不受时间、地点和边界的限制,与其他形式团队相比,拥有人才多、信息快、效率高、成本低等竞争优势。

第三节　团队的发展历程

著名管理学家布鲁斯·塔克曼提出了团队建设中五个规范的阶段理论,分别是成立期、震荡期、规范期、执行期和调整期。一般认为,这五个阶段是所有团队建设和管理过程中所必需的、不可逾越的。

一、成立期

在团队的成立阶段,要有团队创始人,规划完成一系列的准备工作。这个创始人往往就是后期的团队领导(或带头人),一般由上级组织领导选任。

成立期的主要工作有以下几个方面:

(1) 团队领导(或带头人)在上级领导的支持和帮助下首先要考虑团队的定位问题,包括要创建一个什么样的团队,目的是什么,主要任务是什么,作用是什么?在团队组建之前确立新团队的类型、功能、工作目标和工作范围等。

(2) 团队领导(或带头人)要确定团队的结构。比如团队人数,应该包含哪些必需的技术人才、管理人才、服务人员等,各自的角色和职责。在组织领导的协调下选拔团队成员,并得到行政许可。

(3) 启动团队。首先,团队领导(或带头人)必须使所有团队成员都明确团队的目标;其次是进行分工,确定岗位职责,讨论并制定工作计划,制定规范与标准,进行培训等。

(4) 培育团队精神。加入新的团队后,激动兴奋、斗志昂扬、困惑迷茫、徘徊观望等是团队成立期成员的主要特点,此时最重要的是给予他们工作目标,通过召开会议,集体参与讨论确定个人目标和工作计划,通过平等、公开、友好的交流沟通,营造真诚、相互信任、和谐的团队氛围,消除团队成员的困惑与忧虑,增强其归属感,发挥每一个团队成员的积极性,以高昂的士气开展工作。

二、震荡期

团队成立后,团队成员获得发展的信心。但随着时间的推移,原先的新鲜感和好奇心逐渐消失殆尽,团队成员之间观点、见解、个人性格特征和行为风格的差异,以及对于团队目标、期望、角色、责任的诸多不满和不解都表露出来,各种冲突也随之产生,此时团队进入震荡期。团队成员间、团队和环境间、新旧观念间冲突不断,如何顺利度过震荡期,科学合理地处理各种冲突,是需要学习和有一定技巧的。此时团队领导(或是带头人)是重要的调解人,必须具备解决冲突和处理问题的能力,创造出一个和谐稳定的工作环境。

震荡期最重要的是如何安抚人心,使冲突双方冷静下来面对面澄清和解释,团队领导(或带头人)在公平公正的原则下,协调冲突双方共同分析问题、解决问题。在此期间沟通方式和沟通技巧的不同往往会使冲突走向两个极端,要么冲突消失,要么不可调和。所以,团队领导(或带头人)面对冲突不应回避,不应对冲突置之不理或以权力压制,而应当鼓励团队成员对有争议的问题发表自己的看法,对事不对人,积极进行有效沟通,促使工作顺利开展。

同时,这个阶段要准备建立工作规范。使用工作规范、工作标准约束团队成员,进行规范化管理,在处理冲突时也有所依据。当然,在规范管理过程中,团队领导(或带头人)自己也要以身作则。

三、规范期

经过震荡阶段后,团队开始逐步走向稳定和成熟,进入规范期。各种规则、流程、价值观、行为、方法等均已建立,人们的工作技能开始慢慢地提升,新的技术慢慢被掌握,向着团队目标稳步前进。此时团队成员间沟通顺畅,彼此信任,凝聚力逐渐加强,更多的精力关注到工作本身,朝着统一的目标与任务进发,有意识地解决问题,实现团队内部和谐。他们开始关心彼此的合作和团队工作的开展,并逐渐适应环境、技术和各种规范的要求。

这一阶段团队的最大问题通常是团队成员间怕发生冲突,怕得罪他人而不敢提出问题,不正面提出意见和建议,但同时这一阶段也恰恰是培育团队文化的最有利时期。团队领导(或带头人)在这一时期的主要工作,就是通过各种激励措施,如物质激励、精神激励、目标激励、民主激励,甚至是反向激励,提高团队成员的责任心、敬业精神、互助协作精神,增强对团队的归属感和凝聚力,促进团队共同价值观的形成,以最终汇聚成积极向上的团队文化。

四、执行期

执行期,又称高产阶段。这一阶段团队成员自信心强、坦诚、沟通良好,且具备多种技巧,具有一定的决策权,能同心协力解决各种问题,用规范化的管理制度与标准工作流程进行沟通、化解冲突、分配资源,团队成员自由而建设性地分享观点与信息,有完成任务的使命感和荣誉感。"高产"通常是组织的目的,也是建立团队的原因。

在此阶段,团队领导(或带头人)的任务应该是思考和推动更新,更新工作流程与方法;制定具有挑战性的目标,鼓励和推动团队成员的成长;监控团队各项工作的进展,通过督促、激励等手段,要求团队成员履行承诺,而非通过行政手段进行管制;肯定团队的整体成就,并承认个人的贡献,按劳分配,奖励结果也奖励过程,允许失败,更鼓励屡败屡战,保证团队目标的达成。

五、调整期

随着工作任务的完成,当达到团队自身目标后,很多团队会进入调整阶段。在此阶段,大部分任务型团队会解散。有的团队会继续工作,但往往会休整一段时间,或会发展新成员。在这一阶段,成员反应差异很大,有的沉浸于团队的成就中,有的则很伤感,惋惜团队中融洽的合作关系不能再继续。

对于只是完成阶段工作,或遇到瓶颈期的长期团队(例如教学团队就是长期团队,短时间内不会结束的团队)来说,在此阶段往往是总结工作、分析得失、完善和改进工作方式方法,规范团队行为,转变工作思路,制定下一步工作计划的重要阶段。

第四节 高校教学团队的概念与特征

一、高校教学团队的概念界定

前面提到团队的基本特征是"实现集体绩效的目标,积极的协同配合,个体或者共同的责任,相互补充的技能,其核心是团队精神",这些基本特征与高校教学组织形式的要求和教师群体的组织方式是一致的。据此,教学团队可定义为"由少数技能互补、愿意为实现共同的教学目标而分工明确、相互承担责任的教师组成的团队"。教学团队的价值在于"教学",它是基于教学目标的一种特定组织,其特殊性在于它是一种既育人又育己的专业学习性组织。

结合对教学团队的认识,我们可以将高校教学团队的定义进一步描述为:"根据合理的学缘结构、职称类别、年龄梯度、专长特点等,以教书育人为纽带,把提高教育教学质量、推进教学改革作为主要任务,为完成某个教学目标而明确分工协作,相互承担教学责任的少数知识、技能互补的高校教师所组成的团队。"从这一定义可以看出,教学团队作为高等院校教学组织的一种形式,团队成员应该是多样化、异质性的,能够自我管理、相互信任并且具有一定的凝聚力,愿意为共同的目标承担责任,其运作的理念在于培养共同的信念以及协作的精神。

二、高校教学团队的特征

1. 共同的愿景（目标）

共同愿景，也即共同目标，是每一个团队存在的原因，正是某个共同的目标才把一系列成员集合在一起形成团队。

管理学中对组织的总目标通常称为使命，使命陈述了组织的愿景、共享的价值观和信念，以及组织存在的原因，它对组织具有强有力的影响。高等院校的使命是教书育人，培养社会高水平专业人才，提高民族素质。使命下的具体目标称为操作性目标。教学团队作为学校这一组织的一部分，应该在组织使命下确定自己明确的总体目标和操作性目标，并朝着这些目标不懈努力。

2. 团队成员结构的多样化、异质性

教学团队中的每一位教师成员都是不一样的，无论是在年龄层次、职称学历等级、知识技能水平，还是教学方式方法、教学经验、性格特征、管理学生技巧等方面都有明显的差异性，也正是这种差异性，相互之间才能优势互补。只要充分利用这种组成上的多样性，形成高度协作的统一体，一定能创造出个体无法产生的高效成果，才能提高整个团队的教学水平与科研水平。

3. 团队成员间的合作性

之所以倡导以团队教学的形式来弥补传统教学组织的不足，合作性是其主要优势之一。而为了实现共同的目标，也决定了团队成员必须合作。教学团队应该建立正确的合作机制，明确每个团队成员的工作职责范围，使团队教师更好地实现技能互补、信息共享、责任共担，使教学团队产生"1+1＞2"的效果。

同时，由于教学团队的一部分教师成员是跨学科、跨专业聚集在一起，他们之间的相互沟通、相互协作具有明显的横向性特点，这种横向性特点使教学团队具备了较强的伸缩能力，有助于团队教师扩展学习、合作的视野，关注专业间和学科间的横向联系。

4. 团队发展的持续性

很多企业中的团队是为了完成一个项目临时组建的，正如本章第三节所讲一般会经历五个发展阶段，当发展到调整期任务完成后自动解散。但教学团队

不同,教学和教研教改任务的完成、教学质量的提升和人才培养目标的达成都不是一蹴而就的,需要较长时间的研究和实践,因而教学团队是一个持续性发展的团队。

在教学团队持续性发展过程中,团队成员的理论知识、专业技能、教科研能力等方面均得到提高,团队成员个人积累大量的成果,得到职称、学历等相应晋升,实现团队目标的同时逐步实现个人需求目标。同时,个人目标的实现又会再次激励团队教师继续向更高更大的目标进发,持续性保持高昂的工作积极性。

5. 团队成果的多样性、复杂性

区别于一般企业的生产或销售团队,团队成果一目了然,要么是生产出新产品,要么是创造了高额销售量,教学团队的成果往往不够明显。是否提高了教学质量,是否培养的学生素质提高了,很难在短时间内直观地显现出来。同时,由于教学过程涉及学生的思想、理论知识、实践技能、社会适应能力、创新能力,以及教师教学能力、教科研能力、服务能力、师德师风等诸多内容,对教学团队取得的实际成果进行评价和考核具有复杂性,一般需要科学合理的绩效评价体系,从长期效果来进行评价。这部分内容会在本书第六章阐述。

6. 动态性

依据建设目标,教学团队教师可以根据所上课程、自身优势,灵活组合形成多个分团队进行相应的工作,努力完成相应的目标任务。此时,教学团队结构上不是固定的,而是动态的,随时变化的。同时,不断吸收培养新教师、新成员的加入,也是教学团队动态性的另一体现。

7. 开放性

教学团队在建设过程中不断学习,与外部各界进行交流联系,一方面引进新理论、新技能,拓展新思路,得到更多资源和支持,一方面将团队成果展示给外界,带动教学质量的整体提高,所以说教学团队的建设过程具有开放性,而不是像很多团队的建设过程和成果是有独创性、保密性。

8. 团队创新性和探索性

由于教学团队中成员都是各具专长的教师,都属于知识型员工,工作是富有创造性的教学和研究,因而是极具创新思维的团队。在提高教学质量这一共同目标的引导下,教学团队成员通过理论学习和实践研究,结合自身情况,以及科技发展,在不断探索中产生对推进学术发展、教学实践改革的创新思考。同时,在团队的共同参与下,将这些创新内容进行讨论、提炼、完善与实施,形成一定的创新成果来促进教学发展和培养具有创新意识的学生。

9. 成果可推广性强

教学团队在建设过程中一般包括课程建设、教材建设、教学方法探索、科学研究、科技创新、社会服务等工作,在这些工作中所取得的成果经过推广后,将会被全国高校所学习、使用、借鉴,进而推动高等教育质量的整体提高和进步。

第五节　高校教学团队的研究现状

一、国外的研究

美国在20世纪中期开始在中小学推行"小组协同教学制"(Team Teaching),并于20世纪70年代以后开始应用于高等学校,主要在传统的学科中,由不同的教师共同组成一个教学小组,实行合作教学。一些研究资料表明,虽然美国对教师的培训工作日渐重视,但新知识的迁移率仍然非常低,大约只有十分之一的教师能将其在专业培训中学得的教学技能和策略用于教学实践中。直到20世纪80年代,美国学者乔伊斯和肖尔斯首先提出了"同伴互助"(Peer Coaching)的概念,才有效的解决了这一难题。他们认为改变早期教师培训模式的设计和组织方法可能有助于教师将培训内容迁移到教学实践之中,过去将教师培训低效的结果归咎于教师自身可能是错误的。他们假设,教师可能需要一些持续的帮助和反馈才能够在教室里应用新的教学策略和方法。并在随后的研究中验证了这一假设,证实了同伴互助的效果:教师可以与同事或同伴保持互相信任和依赖的关系,他们共同规划教学活动、互相提供反馈意见和分享经验,拥有"同伴互助者"的教师比那些独自工作的教师更容易运用新的教学策略和方法。

除此之外,在美国还形成了很多其他形式的研究和教学团队,比如任务小组、学术沙龙、午后茶、论坛、课题组、首倡行动计划、研究协作组、工作站等。据估计,在美国高等学校和中学中,80%左右实施某种形式的团队教学。

2001年3月,英国政府正式颁布改革教师专业发展的文件,以促进合作教学的实施。文件中重点强调合作发展是提高专业知识水平、加强专业技能的最佳路径。政府把这种教师专业发展方式概括为"相互学习,在工作中学习"。

在日本教育界开展的"课例研究"项目,也是教学团队的另一体现。通过"课例研究",教师分享自己的知识经验,学习他人的知识经验,然后重新建构自己的知识体系,提升自己的教学技能。"课例研究"的实施,在增长教师智慧的同时,也提升了教师之间的学术友谊。

二、国内的研究

20世纪90年代以来,国内关于高校创新团队的研究日渐丰富,高校科研团队建设作为高校基层学术组织创新的重要途径也已经取得了令人瞩目的研究成果。与此相比,高校基层教学组织改革与创新的步伐则稍显滞后,适合于教师群体和个体发展的新型教学组织形式创新还处于起步阶段。

2007年1月,教育部、财政部在《关于实施高等学校本科教学质量与教学改革工程的意见》中提出要"加强本科教学团队建设"。同年2月,教育部再次提出要"建设教学团队,培养可持续发展的教学队伍"。自此,学者们对该问题开始了较多的相关研究,主要集中在以下几个方面:

1. 关于高校教学团队现状的研究

当前,关于高校教学团队现状的研究大多是以某一具体教学团队为例进行分析,宏观层面、概括性的教学团队现状研究较少。其中,王涛、孙伟等人认为教学团队建设的机制不够成熟,依然保持了以往单兵作战的习惯,教学团队学缘结构不符合教学团队建设的要求,导致教学团队达不到预期效果。陈嘉总结了专业教学团队建设存在的问题是高水平教学团队组建的心理问题、专业教学团队的教学目标定位问题、教学团队带头人的遴选和教师梯队建设问题等。禹奇才、张灵通过对教学团队建设情况的研究,提出了目前教学团队建设亟须解决的问题等。

2. 关于教学团队建设策略的研究

在关于教学团队建设的有效途径或对策的研究方面,学者们从不同的角度进行思考,提出了很多行之有效的具体措施。黄玉飞提出应建立分享财富、分享能力、分享价值观的理想教学团队模型,以保持团队的和谐,促进团队的成长,彰显团队的魅力。孙华、余宏亮认为,要高效发挥团队作用,应该做到明晰团队建设理念、完善管理运行机制、投入强有力的资源保障、理顺教学与科研团队的关系。梅水燕、李利民分别从教学团队的形成阶段、磨合阶段、成熟阶段、完成阶段探讨教学团队的建设策略,提出了在每一阶段行之有效的建设方法,其基于动态发展的策略研究在国内是唯一的。张德良从系统原理着手,认为应从学校角度构建教学团队建设与发展的三个支撑点:一是学校层面制度与机制对教学团队建设与发展的导向与规范;二是院(系)层面的学术环境与新理念对教学团队建设与发展的影响;三是教研室层面的教学研究与实践对教学团队建设与发展的作用。杜天真、郭晓敏等提出教学团队建设的坚实基础是优化教学资源,教学团队建设的活力源泉是提升科研水平,教学团队建设的重要保障是完善工作机制。陈世平、彭瑶、谭伟认为,教学团队在建设和教学过程中只有加强管理,才能有效地发挥教学团队在学校的教学工作和教学基本建设项目中的作用,为此,应重视对教学团队的日常管理,建立科学的激励和约束机制;健全制度,形成制度化的教学团队。章兢、傅晓军提出了教学团队的生态建设问题。李健、贾玉革等主要从教师聘用制度、课程组制度等方面探讨教学团队的建设,提出教学团队应该实施"引进来"与"走出去"并重的用人机制和以课程组为单位打造精品课程、编写精品教材。陈汉辉认为,构建高绩效的教学管理团队,可以借助新内涵 SCP 范式来搭设途径,从团队结构(Structure)、成员行为约束与激励(Conduct)、团队绩效考核与反馈(Performance)三方面入手。张健沛、徐悦竹等提出了建设可持续发展的教学团队的具体策略有点面兼顾、重点突破、多头并举、以人为本等。匡玉梅指出,建设教学团队,学校要营造倡导合作的文化氛围;教师要主动寻求适合现代教学需要的团队形式;学校及相关部门要建立适合教学团队发展的组织形式和长效机制。贾雅琼、尹艳清、俞斌提出加大应用型教学团队的建设力度、明确"应用型"的建设目标、优化"应用型"的师资结构、完善各项保障制度的建设思路。樊树民认为可以从学习借鉴经验,转变教育理念,多策并举引进优秀人才,组建兼职教师专家库,实施"两高三强"转型提升建设工程,建立校企合作共同体,建立教师、员工双重身份机制等加强应用型本科教学团队建设,提升教师队伍整体实力,不断提高人才培养质量和办学水平。除此之外,王晓军、陆建茹从元认知策略视角研究了高校外语教学团队的建设,江林等针对卓越工程师人才培养进行了教学团队研究等。

3. 关于教学团队建设案例的研究

国内教学团队建设的案例研究主要集中在以某一高校专业教学团队建设为案例的研究,或以某高职教学团队建设为案例的研究两个方面,针对应用型本科教学团队的案例研究较少。行龙、要英民以山西大学区域社会史教学团队为研究对象,在分析教学团队与教学群体区别的基础上,提出了教学团队的建设策略。葛欣、许望等人以首批国家级优秀教学团队之一的南京大学多学科综合点(大理科试验班)为研究对象,总结了该教学团队在培养模式、教学改革、深化内涵、教学研究、教材建设和培养创新人才等方面的作用。赵晋琴以湖南第一师范学院为研究对象,对实验教学团队的建设进行了探讨。

廖福春以浙江金融职业学院为研究对象,提出要加强校企融合,打造"五位一体"的专业教学团队,具体策略包括与金融调控部门的合作、与监管部门的合作、与企业合作、吸收优秀校友资源及加强专任教师培养等。刘彩琴、石爱民等人以邢台职业技术学院开展专兼结合专业教学团队建设工作为研究,提出将年终考核、职称评审的有关办法和措施运用到教学团队建设中来,探索一套行之有效的专兼结合教学团队建设途径。

任玉珊、窦立军、侯丽华结合长春工程学院省级优秀教学团队——《钢结构》课程教学团队建设的经验,从团队的组建、团队带头人的选拔、团队的建设和教学改革四个方面介绍了应用型本科大学教学团队的创新与实践。马静提出在土木工程专业创新型人才培养的过程中,要将理论与实践联系起来,在实践中学习与成长,注重创新能力,培养各个环节的研究与管理,努力进行土木工程专业的教育改革与发展,高等院校要特别对大学生创新能力培养模式进行探索与改革。郝鹏、李锦华、任志涛等以工程造价教学团队为例进行了应用型本科专业教学团队建设效果评价研究,建立了模糊综合评价模型。潘赟以应用型本科网络工程专业为研究对象,提出了教学团队建设要在专业建设、课程建设、教材建设、人才培养以及社会服务等方面下功夫。林王兵则对应用型本科院校实验室管理工作进行了创新性探索,提出了加强实验队伍建设、提高实验教学和管理水平、建立开放性实验室以提高实验室使用效益、建立校企协同创新实验室、学生参与创新实验室管理、全面开放实验室等措施。

第二章

应用型本科概述

第一节 应用型本科的概念

应用型本科指以应用型为办学定位的本科院校,其相对于普通本科和职业技术学院而言,既不同于一般高等院校的研究型,也不同于专科层次高职院校的职业型,而是以培养具有一定实际操作能力的高级应用型技术人才为主要任务的本科教育。从广义上讲,应用型本科院校是指以开设应用型学科为主要途径,以培养学生应用技术为主要目标,专门培养应用型技术人才的高等院校。从狭义上讲,应用型本科院校则特指以服务地方区域经济、社会发展和满足青年学生就业愿望为目的,培养目标定位于应用型技术人才的高等院校,一般是由原来的地方本科院校、高职院校新升格的本科院校或民办本科院校所构成的高等教育群体。

应用型本科重在"应用"二字,要求以体现时代精神和社会发展要求的人才观、质量观和教育观为先导,以在新的高等教育形势下构建满足和适应经济与社会发展需要的新的学科方向、专业结构、课程体系,更新教学内容、教学环节、教学方法和教学手段,全面提高教学水平,培养具有较强社会适应能力和竞争能力的高素质应用型人才。要求各专业紧密结合地方特色,注重学生实践能力,培养应用型人才,从教学体系建设体现"应用"二字,其核心环节是实践教学。

综上所述,应用型本科院校是指以本科教育为主导,以应用型专业技术教育为基础,以服务地方经济和社会发展为目标,培养面向生产、建设、管理、服务一线的行业高级专门人才,其人才培养规格既不完全是研发人才,也不完全是熟练操作工与技师,而主要是以技术吸收及应用人才为基准。

第二节　应用型本科院校的定位

2014年3月,我国教育部改革方向已经明确:全国普通本科高等院校1 200所学校中,将有600多所逐步向应用技术型大学转变,转型的大学本科院校占高校总数的50%。2016年3月,《国家十三五规划纲要》也指出:"要全面提高教育质量,建设一流师资队伍,推进高等教育分类管理和高等学校综合改革,优化学科专业布局,改革人才培养机制,实行学术人才和应用人才分类、通识教育和专业教育相结合的培养制度,强化实践教学,着力培养学生创意创新创业能力。"自此,更加明确了应用型本科院校在高等教育转型期的重要地位,打开了我国应用型本科院校建设的新开端和新局面,把应用型本科办好办精是广大教育工作者新的历史任务。

江苏省作为全国教育的先行者和排头兵,紧跟国家发展规划的步伐,是全国率先提出地方新建本科院校坚持应用型办学定位、培养应用型高素质人才的省份,当前已把应用型本科院校建设作为高等教育进入普及化阶段推进教育强省建设的战略重点。在2016年的《江苏省十三五教育发展规划》中明确提出"以提高高等教育质量为核心,鼓励具备条件的普通本科高校向应用型转变,扩大应用型、技术技能型人才的培养规模"的发展模式。

虽然国家教育导向已经非常明确和支持应用型本科院校的建设,但同时我们也发现当前应用型人才培养上存在的各种问题:(1)认识浅。认为应用型人才是低水平、低层次人才,是本科教育的低配版,或者是职业教育升级版。(2)两张皮。众多应用型高校"喊应用型人才口号,走学术性人才培养老路",人才培养与产业需求不对应。"企业招工难与学生就业难并存",人才培养供给侧与市场需求侧结构性矛盾突出。(3)一头热。学校热,企业冷,作为应用型人才培养根本路径和本质特征的产学研深度融合、校企结合的整体性体制设计、协同共进的工作机制尚未真正形成。(4)深入难。应用转型停留在理念口号,应用型人才培养思想难统一、标准未建立、模式难改变、效果未显现,产学研深度融合的应用型人才模式尚未真正形成。

目前,仅江苏省内定位为应用型本科的高校达40余所,并于2019年10月22日成立了江苏省高教学会应用型本科院校研究会,主要研究和解决江苏省在应用型本科院校建设中所存在的一系列突出问题和共性矛盾,搭建区域统筹、互联共建、促进发展的平台,更好地推动江苏省应用型本科院校的高质量发展。与会的中国高等教育学会副会长张大良同志就加强一流应用型本科院校建设,培养一流应用型人才时谈道:加强一流应用型本科院校建设,必须准确把握办学定位。要强化"地方性"定位,立足地方办学;要强化"应用型"定位,突出应用办学;要强化"有特色"定位,注重特色办学。

可见,准确把握应用型本科的办学定位,对制定应用型本科人才的培养目标与培养模式有着重要意义,也是其教学团队建设的依据和方向,一般从发展目标定位、办学层次和人才培养定位、服务面向定位、学科专业定位、教学和科研定位、师资队伍定位等方面出发。

一、发展目标定位

发展目标是应用型本科院校发展的基本方向,它对学校的办学指导思想、发展方向、发展思路、培养模式、工作重心、培养目标等具有指导作用。科学制定应用型本科院校的发展目标,是其发展的前提条件,也是必要条件。

应用型本科院校发展目标的制定,应建立在自己的办学特色、办学质量和效益之上,要紧紧围绕应用型创新技术人才的培养进行。一是要大力培育自身特色,提升应用型本科院校整体办学实力和核心竞争力;二是必须从实际出发,围绕社会需要,培养应用型创新人才。其中,办学特色定位要全面正视、剖析院校本身的优势,把优势专业和学科拿出来,专心高质量发展为行业领先;同时也可依靠优势学科和专业,辐射其他学科和专业。例如南京工程学院的优势专业之一是电力工程,除了集中力量把电力工程专业做到全国领先,其他专业比如市场营销专业引入电力营销方向,环境工程专业引入电力环保方向,智能化建筑专业逐步转化为建筑电气与智能化等,都是为了与其他院校相关专业区别,强调自身的电力特色,实现激烈竞争中的创新发展,当然也更受市场欢迎。再如霍普金斯大学特别突出医学学科,加州理工学院在理、工两个学科全球领先等,都说明了办学特色的重要性。

二、办学层次和人才培养定位

办学层次定位是解决院校培养何种层次人才的问题。既然是应用型本科院校,就应该属于本科层次办学,应该培养具有本科水平的精英人才。特别是对于合并升本或转型升本的应用型本科院校,应快速转变办学思想,逐步从高职高专教育转变为本科教育为主。当然,这个转变需要从培养计划、教学资源与环境、软硬件、师资队伍等各方面进行,分步分批完成。从当前来看,大部分应用型本科院校的办学层次定位都是以本科教育为主,辅以少量的高职教育和继续教育,发展水平高的院校也会进行个别优势专业的研究生教育。

人才培养定位是解决培养何种类型人才的问题。应用型本科院校区别于研究型本科高校和职业技术学院,人才培养应定位于学术型与职业技术型之间。研究型本科院校培养的是理论知识扎实、综合素质较高,具有较强自学能力的宽口径研究型、学术型人才,主要为科研机构或研究生阶段提供研究基础。职业技术学院则培养的是面向生产、服务、建设、管理第一线的技术型工人,他们主要是动手操作能力强,但理论知识、研究能力、更新能力等不足。介于其中的应用型本科院校,培养的是适应社会需求的应用型人才,既有理论知识,又具专业实践能力,理论与实践相结合,学以致用,有创新意识,并有较强的科技运用、推广和转换能力。

所以,应用型本科院校应走出追求"精英教育"办学理念和"学术型"人才培养模式,也应该跳出自身高职高专的影子,找准办学层次和人才培养定位,加强应用型学科专业的建设,培养面向地方、服务区域经济和社会发展的本科层次的应用型专门人才。应用型本科院校培养的人才,不需要知识的全面系统,而是理论知识与实践能力的有机结合,能熟练运用理论知识有效解决生产实际问题,适应社会发展和竞争需求的高素质应用型高级人才,是学术性与职业性的有机统一,其规格标准是"本科底蕴+应用特征+专业特长"。一流应用型人才不是"为研究而学术"的学术型人才,而是"为职业而学术"的应用型人才。一流应用型人才也不是技术技能型岗位人才,要注意克服"能动手就是应用型""就业好就是高质量"的认识误区。

三、服务面向定位

服务面向定位是解决应用型本科院校服务对象的问题。应用型本科院校是区域经济社会发展的产物，一般都是地方性省属或市属高校，其地域服务面向比较清晰，往往着重服务于本区域。所以应用型本科院校必须明确"主要为地方培养人才"的根本任务，主动探寻和适应地方经济社会发展的需要，在学科专业和科学研究等方面有侧重点。如江苏是电力、机械制造和建筑业大省，对此类相关学科和专业需求高且量大，很多江苏省内的应用型本科院校都设有电力工程、机械制造与自动化、建筑工程等专业，就是为地方经济和社会发展输送应用型人才，促进江苏省支柱产业的快速发展。同时，应用型本科院校也可以地方为依托，共建实验室、实践基地等，不断拓展学校自身的生存和发展空间。

四、学科专业定位

该定位解决的是应用型本科院校以哪些学科门类的教育为主的问题。根据教育部的分类，我国目前有哲学、经济学、法学、教育学、文学、历史学、理学、工学、农学、医学、军事学、管理学、艺术学 13 个学科门类。目前，大多数应用型本科院校都是根据自身的具体情况，以某一两个优势学科门类为主，同时涵盖其他多学科综合发展，拥有单一学科门类的应用型本科院校几乎没有。如南京工程学院就是一所以工学为主，涵盖工学、经济学、管理学、文学、法学、艺术学等学科门类的综合类应用型本科院校；南京晓庄学院则主要以教育学为主，且兼具经济学、法学、文学、历史学、理学、工学、管理学、艺术学等学科门类，突出其师范类专业的特色与优势。

各应用型本科院校在学科专业定位发展过程中，要注重其应用型导向和服务地方的面向，紧密结合地方区域性经济和社会发展对人才的需求，不断调整专业或专业方向，及时增设需求高、应用性强的相关专业，删减与社会脱节的"冷门专业"，积极为地方经济与社会发展培养所需要的各种应用型高级人才。如随着江苏省地下轨道交通的大力发展，南京工程学院经过调研增设了城市地下空间工程专业，培养从事地下工程施工管理、地铁工程管理维护的高级应用型工程技术人才，可以说是紧跟江苏经济建设的步伐；同时，停开了就业困难、社会需求面窄的工程监理等专业。

五、教学和科研定位

应用型本科院校必须努力构建相应的人才培养所需的教学模式,以理论教学为基础,突出实践教学的地位,大力推进产学研相结合的教学模式。如南京工程学院通过开展全校性教育思想大讨论,毕业生质量跟踪调查,深入十多个行业、数千家企业调研,会同多家高校共同深入研讨,紧紧抓住产业发展"新需求"和人才培养"新质量"两个关键问题,提出了"传统专业与跨界技术、理论教学与实践过程、单一学习与应用探究"的三大教育教学新理念。

首先,对于理论课,要注重其应用基础的地位,不是纯理论的研究,而是为了更好地应用,是实践能力的支撑。其次,对于实践环节,要真正做到动手、动脑,学以致用。这些都需要应用型本科院校能研究教学内容,探索教学方法和手段,建立与完善校内实训中心和校外实训基地,使学生理论联系实际,边学边练,获取实践经验。同时,紧密依托社会、行业,加强校企合作、政校合作,使其成为学生实践训练的基地,也使其成为科研、技术开发、成果转化的基地。以教学支撑实践,以实践促进教学水平的提高。比如开设大量实训课程,在实践活动和技能操作中进行教与学,教师变课堂讲授为"边讲边演示",学生变听课为"边学边练习",这样随学随用,理论知识在动手实践中得到验证,更好地提高教与学的有效性,也真正做到培养应用型技术人才。

基于应用型本科院校办学层次和人才培养定位,决定了其应该以教学为主,但并不是说只教学,不进行科学研究。科学技术研究是所有高校发展和社会创新的重要途径,不仅可以提高教师的专业技术水平,推动社会科技进步,同时也可为教学所用。应用型本科院校的科研与研究型高校不同,其科研定位不应过多关注基础理论研究,而应偏向应用研究。要以社会需求为动力,以市场为导向,为行业建设和社会经济建设服务,注重科技成果的转化。

同时,我们也应该注意到,应用型本科是一种办学类型,其与研究型大学的不同不是层次的高低,而是类型的不同。在科研定位上切忌盲目学习学术型、研究型大学,追求所谓的"高层次"而顾此失彼。

六、师资队伍定位

"先进教育理念+优质教学资源+理实一体课程体系+高水平师资队伍"是一流应用型人才培养的有效保障,其中建设一支师德高尚、结构优化、理论知识扎实、专业技能过硬、教科研能力突出的高素质师资队伍则是重中之重。应用型本科院校应大力培养"双师双能型"教师,制定相关政策引导和促进广大教师向"双师双能型"方向发展。

所谓"双师双能型"教师,是指教师既是传道授业解惑的专业技术理论知识教师,又是精通专业技术的职业化人员;既具有专业知识的理论穿透能力,又具有产业、行业、企业的实践操作能力。简言之,就是具有"专业知识+专业技术;教学能力+实践能力"的教师。培养"双师双能型"教师,建设具有"动手能力强,综合素质好"的高水平、多用途教师队伍,使广大教师不断提高理论基础、专业技能和实践实训能力,提升教育教学质量,推动应用型本科的良性发展,是地方应用型本科院校建设与发展的现实要求。

大多应用型本科院校"双师双能型"教师队伍的培养工作会采取引进和自培相结合、在职培养与企业挂职相结合、国内培养与国外培养相结合、短期培养与长期培养相结合等方式进行。如:依托校企合作基地和大学生创新创业训练计划项目,不断提高教师的实践实训水平;邀请行业(企业)专家或技术人员到学校为教师进行系统的专业技能培训;鼓励教师参加专业技术(执业)资格评审(考试),并取得相应资格证书;选派专任教师到相关企业或科研机构进行挂职锻炼;各种培训、国内外访问学者等。

应用型本科院校在定位时需综合考虑各方面因素,把一流应用型大学作为自身的发展定位,突出应用型人才培养的目标,以立足地方、服务社会为基本办学思路。其中南京工程学院可以列为应用型本科发展目标定位科学合理的代表,其由原南京机械高等专科学校和原南京电力高等专科学校于2000年合并组建而成,是江苏省属的应用型本科高校。在其升格为本科院校后,学校始终坚持以应用型人才培养为中心的办学定位,形成了校企合作、注重实践、产学研相融的鲜明特色,为国家和经济、社会发展培养了以中国工程院沈国荣院士为代表的十多万名工程技术人才和管理人才,在机械、电力、能源动力与核工业等行业领域具有很高的影响力。学校牢固树立"学以致用"的办学理念,发扬"知行统一,创业创新"的校园精神,以服务地方、行业为主,以本科教育为主,以教学为主,在全国率先提出和开展应用型本科教育的转型改革,相关研究与实践一直走在全国最前列,是国家教育主管部门与同类高校公认的应用型本科教育转型改革发展的"领头羊"。也正是科学合理的发展目标定位使南京工程学院在十数年间逐步发展成为全国高等学校应用型本科院校专门委员会主任委员单位,全国服务特需硕士研究生培养单位联盟副理事长单位,新一轮本科院校教学工作合格评估方案主要起草单位,国家"十三五"时期地方高校转型示范工程——产教融合规划项目实施高校,教育部"卓越工程师教育培养计划"和"CDIO工程教育改革"首批试点高校,国家机电控制类人才培养模式创新试验区,全国产学研合作典型高校,全国毕业生就业工作典型经验高校和江苏省首批教学工作先进高校,为行业类高校、地方本科院校建设应用型大学提供了有益借鉴。

第三节 应用型本科教学团队的内涵与特征

基于应用型本科的培养目标和定位,以及与研究型大学的较大区别,解决好转型期应用型本科院校的发展问题,加强应用型本科院校优秀教学团队的建设,推进应用型教育教学改革,努力提高其教育教学质量应该是其改革与发展的一大主题,也是我国高等教育学界迫切需要研究的重要课题。

高校教学团队的建设要充分体现学校的办学定位,为更好地实现人才培养目标而服务。应用型本科处于研究型高校和高职高专之间,主要是为地方或区域经济建设与社会发展服务,以培养面向生产、管理、服务一线的应用型高级人才为目标,这就决定了应用型本科院校的教学团队除具有第一章第四节所述的一般高校教学团队的特征(如共同目标是提高教学质量;教师的知识、技能、经验和专长互补;分工协作完成课程或专业建设任务,承担责任,增进相互的贡献;良好的沟通和领导机制等)外,还应该具有其自身的一些特征,要充分体现应用型人才培养目标。

应用型本科院校的教学团队应该"以推进教学改革为手段,提高教学质量"

为主要目标,建立有效的团队合作机制,促进教学研讨和教学经验交流,开发教学资源,推进教学工作的老中青相结合,发扬传帮带作用,加强青年教师的培养;同时,应更重视增强专业办学能力,提升专业教学科研实力。团队的组成既要考虑团队的整体教学和科研水平,还要考虑工程实践的能力;教学改革和课程建设更应该突出学生工程应用能力的培养;教学条件建设要强化工程环境建设。

综上,一个优秀高效的应用型本科教学团队除应具备一般高校教学团队的特征外,还应该具有以下特征:

(1) 应用型本科教学团队的结构,除了考虑年龄、职称、学历、学缘结构、教学科研能力外,还应特别注重教师的"双师双能",有目的性地选拔或后期培养具有工程实践经验和取得注册(执业)工程师资格的教师作为团队成员,使教学团队的结构更合理,更符合应用型本科的定位需求。

(2) 教学团队以课程或系列课程为基础,跨学科专业组建团队,体现课程之间的连贯性、持续性和交叉融合性。

(3) 教学团队的组建应该突出工程特性。按照社会对专业的人才需求,应用型本科专业教学体系设置的出发点是基础能力、综合能力和工程应用能力的培养。由于专业培养方案中实践环节的内容设置均是基于工程实践的专业技能训练,并注重与后续实践环节的衔接,因此实践性强的特点决定了教学团队建设的原则和从实践中来、服务于实践的团队建设特色。

(4) 教学团队以教学改革和创新为主要任务,通过课程内容、教学方法和教学手段改革来突出应用性和工程性,提高培养目标的社会适应性。

(5) 加强校内工程环境建设,通过实验室、校企共建、产学研一体化、科技成果转化等更好地实现工程应用型教育。

(6) 坚持学习型团队建设导向。学习内容包括实践技能的学习和教学科研的积累。通过整合学习、工作与知识的方法,将学习与工作融为一体,努力在团队中形成学习氛围,充分发挥每个成员的创造性能力,使个体价值得到体现,团队绩效得以大幅度提高。

(7) 充分利用现代通信技术,聘请校外乃至国内外教学名师、专家学者和企业技术人员加盟,建设虚拟教学团队,以提高本校团队教师的教学和专业实践水平。

第四节　应用型本科院校教学团队的现状调查与分析

一、调查问卷数据分析

课题组根据研究目标设计了课题调查问卷,调查对象为各已有教学团队成员,内容主要包括教学团队人员组成结构、重视程度、对教师教学和学生学习的重要性、内部管理机制、保障制度、绩效评估、活动方式、文化氛围等28个指标(调查问卷内容详见附录1)。通过问卷调查的整理分析和总结,凸显出教学团队的现状、特征及影响因素如下:

1. 应用型本科教学团队

问卷中"您所在学校的类型"数据统计为研究型的占59.1%,职业教育型占30.9%,应用型占10%,应用型本科院校教学团队数量偏少,明显低于研究型大学和职业学院,前景不容乐观,需要更进一步的研究和实践建设。同时,大部分学校过于突出实践、应用,而不重视理论基础知识的积累,甚至有应用型高校效仿研究型大学追求科研能力和学术地位,对教学团队建设不重视,教学团队数量偏少,建设效果不佳。这也是本课题研究的初衷,为应用型本科院校优秀教学团队的建设出谋划策。

2. 团队规模和结构

问卷中"您所在的教学团队人数"10人以下的占20.8%,11~20人的占34%,20人以上的占45.2%,以此可以看出,教学团队人数过多或过少的现象比较突出。很多教学团队遴选成员时往往认为团结力量大、人多好办事,只追求数量而忽视了质量,导致团队成员偏多、规模过大、同质化严重;或者随意召集几个上同一门课的教师组成课程教学团队,人数偏少,形不成梯队,只能进行简单课程内容的探讨,难以完成大型目标。

而问卷中针对教学团队成员年龄的调查则显示,年龄35岁以下教师人数占12.5%,36~49岁人数占25%,50岁以上人数占62.5%,平均年龄偏大,也进一步说明了教学团队建设中由于未经过科学的设计,只以学术影响大、知名度高的专家、教授为核心进行建设而导致年龄结构的不合理现象。

3. 对教师教学和学生学习的重要性

在调查问卷中,认为"构建教学团队对教师教学能力提升有很大促进作用"非常符合和符合的教师占 58.9%;认为"构建教学团队对学生学习效果提升有很大的促进作用"非常符合和符合的教师占 50.2%;认为"您所在的教学团队有明显的教科研成果"非常符合和符合的教师占 62.4%。由此可见,教学团队在提高教学质量、学习效果和个人发展方面都有重要的意义,并且已经得到了教师们的普遍认可,有进一步建设的必要性和可行性。

4. 教学团队的内部管理机制

问卷调查中,认为"您所在的教学团队有很明确的工作目标"非常符合和符合的教师占 37.5%;认为"您所在的教学团队成员有明确的责任划分"非常符合和符合的教师占 40.3%;认为"完成了团队的相应任务后有明确的奖励激励机制"非常符合和符合的教师占 35.6%;认为"目前的团队绩效评定非常合理"非常符合和符合的教师占 37%。出现这样的现状,说明教学团队的内部管理机制不完善,没有很好地将团队成员通过任务和管理制度等联系在一起,工作中更多的还是单打独斗的个人行为,效果自然也就不理想。首先,在教学团队中没有明确的工作目标,做事没有计划,仅凭个人想法或个人发展做事的行为泛滥,不能有效协作和共同奋斗。其次,在教学团队的工作过程中没有明确工作制度和协作办法,没有科学的岗位设置和职责,以及根据专长进行定岗的制度,都导致教学团队成员对"做什么"和"怎么做"认识不清。再次,很多教学团队中奖惩制度存在缺陷,无法做到公平公正的奖励和惩罚,对团队成员没有约束和激励作用;最后,教学团队外部绩效考核普遍存在着重科研、轻教学的现象,使得很多教师不愿意将时间、精力更多地放在教学研究和提升上,参与教学团队的积极性也不高。

5. 教学团队的运行方式

问卷调查中,认为"您所在的教学团队成员间经常进行教学和学术交流"非常符合和符合的教师占 70.5%;认为"您所在的教学团队经常与校外相关组织和个人进行交流合作"非常符合和符合的教师占 31.3%;认为"您所在的教学团队有严格的'传帮带'带教指导"非常符合和符合的教师占 41.9%。说明大部分教学团队成员间交流合作较频繁,能共享教学资料、一起探讨、共同解决问题、分享教学心得,在小范围的团队建设是欣欣向荣的。但是与校外相关组织和个人进行交流合作偏少,不能很好地学习外校教师的先进经验和教学教法,容易导致教学的"近亲繁殖",与社会脱节。同时,大部分教学团队对年轻教师的培养不足,未形成系统的传帮带,青年教师业务熟练时间较长、初期教学效果不理想。

6. 教学团队的文化建设

问卷调查中,认为"团队成员之间团结紧密,有较强的认同感和归属感"非常符合和符合的教师占59.1%;认为"您所在的教学团队成员都积极努力参与团队工作"非常符合和符合的教师占48.3%;认为"教学团队运行有各种良好的沟通平台"非常符合和符合的教师占39.2%;认为"团队核心成员控制着团队的话语权,一般成员发挥作用不大"非常符合和符合的教师占66.2%。这说明,教学团队在文化建设上比较薄弱,主要体现在团队深层次的和谐理念薄弱,影响了团队的凝聚力。教学团队文化是团队工作中无形的价值观、行为规范和精神状态。目前,很多教学团队对文化建设不重视或根本没有意识到文化的重要性,觉得团队文化是虚无的东西,不实际,不用建设,只把工作重心放在推动教学内容和方法的改革和研究、促进教学研讨和教学经验交流、开发教学资源、加强青年教师培养等方面,导致从教学团队成立时未形成信任、和谐、奋进的团队精神,团队教师对教学团队依赖性低,向心力不够,没有奉献精神,不能知识共享和协同工作,团队一盘散沙,工作效率低下。

7. 教学团队的外部制度和资源保障

问卷调查中,认为"您所在的学校对教学团队有规范的管理制度"非常符合和符合的教师占45%;认为"学校对教学团队的建设非常重视"非常符合和符合的教师占48.9%;认为"教学团队得到的不同层面的资源供给非常充足"非常符合和符合的教师占17.6%。制度创新的滞后是团队发展滞后的内在根源。目前我国高校由于行政管理模式的局限性,想要进行自由教学和学术改革与创新还存在较大阻力。一是学校往往更看重科研实力和影响力,对教学团队的建设不重视,导致教学团队数量少,且得到的资源和资金支持也少,很多改革和创新思想无法实现;二是对教学团队建设没有相应的管理制度,教学团队往往只能靠自己小团队进行摸索,缺乏科学的指导和培育;三是各部门服务意识跟不上,无法提供开放的资源共享平台,教学团队建设所需的各类知识、信息的交换和传播受到一定的限制。

通过问卷调查,经过数据的收集与分析,得到了一些有意义的研究结论,对应用型本科院校教学团队的建设有一定的参考价值。

二、调研访谈资料分析

课题组调研走访了多所省内外应用型本科院校,针对其教学团队的建设情况进行面对面访谈、资料查阅等,汇总分析如下:

(1) 教学团队数量和质量均较低。应用型本科院校对教学团队建设不重视,教学团队数量普遍不多且规模较小,大多数是某个课程的教学团队,团队成员人数低于5人;团队工作质量参差不齐,开展的团队内工作范围较小,深度不够,基本还处于课程教学内容和方法研究阶段,较少开展相关课程或系列课程的研究;教学团队级别普遍较低,绝大多数是校级教学团队,省级和国家级教学团队屈指可数且申报和培养机制欠缺,缺乏主动性和可持续性;教学团队建设的时间短,工作开展无序,团队教师工作无组织,应付性较明显。

(2) 教学团队建设目标定位不合理。应用型本科院校教学团队建设目标的定位大多都存在过低或过高现象,要么模仿普通本科高校盲目追求理论性、研究型,不注重实践;要么摆脱不了专科高职的影子,太注重职业性,对自身办学层次、人才培养、服务面向等定位不合理,导致不能很好地体现"应用型"特点,"应用型"的动力不足。

(3) 教学团队结构不合理。由于应用型本科院校大多为专科合并升级而成,普遍办学时间不长,加上近年来迅速扩张带来的师资数量不足,以及引进青年教师过多,都给教学团队结构带来较大影响。一是在年龄结构上呈现"两头重,中间轻"的现象;二是在职称结构上,高级职称教师少,中低级职称教师过多,教学团队职称梯度不明显,互补性不够;三是教学团队成员大部分是"从学校到学校",知识技能结构上缺乏师范教育经历和工程实际经验,导致教学能力和专业能力俱佳的"双师双能型"教师偏少。

(4) 教学团队各项管理制度不完善。很多应用型本科院校的教学团队几乎没有成文的规章制度,做得好一点的学校有教学团队选拔和建设方案,做得差的学校教学团队甚至都是教师们的自发行为,更谈不上有任何资源保障。但是比较一致的是教学团队内部规章制度普遍不完善,包括:①缺乏教学团队带头人和成员的遴选制度,一般是由行政领导指定某个教学和专业水平较高的教师担任带头人,而成员也多是随意"拉人头",主观性较大;②缺乏教学团队工作制度、会议制度、沟通制度等,无法约束和规范教学团队教师的行为,导致教学团队工作无计划、无组织、无纪律,当然也无高产出;③缺乏绩效考核制度和激励措施,致使团队教师没有压力,更没有动力,各种工作仍然以自发为主,团队流于形式;④缺乏经费保障制度,没有足够的资金支持,使教学团队工作所需的各项物质资源等无法保障,改革创新无法持续。

通过调查问卷和调研走访分析,应用型本科院校教学团队面临的主要问题和原因基本已经比较明确,但现实情况是当前对其建设和管理的策略问题并没有很深入的研究,往往仅停留在表面的内涵、意义上,且重复研究较多,导致优秀教学团队建设成果的示范性不够强。能否将教学团队建设成为优秀、高效的教师群体组织,需要政府、学校、教师以及社会各方面的改革和支持,也需要大量的实践研究完善和修正建设过程,同时也要采取正确的建设和发展策略。

教学团队作为教师队伍建设的重要组成部分,应单独进行分类别、有针对性的研究。同时,目前我国学术界对应用型本科院校教学团队建设的理论和实践研究还较少,完善的理论体系和实践经验都尚未建立。因此,研究应用型本科院校教学团队的建设,对于丰富应用型本科院校建设特别是教师队伍建设研究的内容具有一定的理论意义和实践价值。同时,针对应用型本科院校教学团队研究的成果,期望能够为此类学校的教育教学管理开辟一条新途径,帮助学校克服师资管理中存在的问题。采用团队管理的理念,整合教师人力资源,让每位任课教师向着统一的教育目标努力,发挥自己的专业特长,向教师教育教学合作要效率、要质量,最终实现应用型本科教育教学的有利发展。

第三章
应用型本科院校优秀教学团队的创建

说起教学团队,很多教师会说"我们有很多教学团队,只要是上同一门或同一系列课程的教师都是一个教学团队"。的确,不少教育工作者都普遍认为,随便拉几个上相关课程的教师在一起,经常讨论课程的内容、交流上课的心得和技巧就组成了一个教学团队。实际上,通过第一章团队概述中的教学团队概念和特征,我们不难发现,上述形式的组合在管理学上还远远不能算是教学团队,仅能称之为教学群体。虽然教师们结合在一起,但相互之间没有约束力,也没有共同目标,教师们参与的目的完全出自于自身利益,问题讨论的结果也不一定会产生共鸣,更不一定会对教学工作产生推动作用。真正的教学团队,一定是遵循一定的原则,具有特定的目标,有可实现的路径,并且具有科学合理的结构。本章主要采用理论结合实例的方法介绍应用型本科院校优秀教学团队(以下简称教学团队)的创建过程。

第一节 教学团队建设遵循的原则

应用型本科院校优秀教学团队的建设不能盲目,不能为了建设而建设,应遵循一定的原则,以保证其建设和发展的科学性、可行性。

一、目标必须属于团队,要体现全员参与原则

教学团队的目标必须由团队所有成员协商讨论,最终统一决定,而不是上

级领导、团队带头人或某个团队教师的一家之言。因为只有共同参与了各级目标的制定,团队成员才能成为实现目标的原动力,才能更清晰地理解目标的内涵,也才能更主动地去实现。即便目标是由他人指定给教学团队,团队也应该花费时间去思考、判断、理解,将这个目标转换成团队内部所承认和愿意为之达成而努力的目标。不管是哪一种目标,团队成员所参与的成分越高,则对它的实现所赋予的承诺也将越大,实现的可能性就越大。

二、坚持应用型为主导原则

教学团队的建设要紧贴地方经济社会与行业产业发展需求,不管是课程内容改革、教学手段的变化和教材的更新,还是教学教法研究都不能偏离应用型的培养目标,要坚持"知识、能力、素质"三位一体,优化教学团队的组织结构,提升团队教师教学能力,推进相关课程教材建设,着力构建"应用为本"的理论课程体系、"能力为要"的实践教学体系,不断提高培养高水平应用型本科人才的能力。

三、教学与科研相结合原则

教学离不开科研,科研应为教学服务。教学团队中不仅要吸收教学效果优秀的教师,也要遴选专业技术水平高、实践能力强的教师加入;教学团队的建设不仅要进行教学内容和方法的改革,还要注重专业相关的科学技术研究和社会服务活动,在探究新技术、新方法、新材料、新产品的过程中丰富教学案例,进行项目化教学;多指导学生进行科技创新和技能竞赛,使得教师教科研水平和学生学习能力达到共同提高。

四、团队建设与学科建设、专业建设、课程建设相结合原则

教学团队的建设应当遵循学校的指导方向,与学科建设、专业建设和课程建设相结合。在学科建设和专业建设中改革培养目标、培养方案、课程设置,在精品课程、在线课程等建设中寻求教学内容、教学方法的创新。

五、突出创新能力培养原则

（1）教学团队要不断创新管理模式，打破传统行政科级式纵向管理形式，打造专业、自由、平等、开放、民主的扁平化管理新模式，让团队成员都参与到团队管理中来。

（2）教学团队要不断进行教学改革与创新，探索适合学生需要、社会需求、科学技术发展以及遵循教学规律的教学目标与方法，以提高教学质量和教师队伍教学学术、科研学术水平。

（3）教学团队要在教学的每一个环节注重学生知识、能力、素质的协调发展，培养学生创新精神、实践能力、自学能力、交流能力、团队意识和社会适应能力。

六、团队成员相互平等原则

教学团队合理的结构注定了其成员会具有包括职称、年龄、学历、经验能力等不同和差距，而这些也将不可避免地影响到他们之间的工作模式。职称高、年龄大、资历久的教师往往更有发言权，年轻教师则相反，通常不能发表自己的观点。但一个人的能力再大也不可能做到面面俱到，教学团队想要有效地运转，需要所有团队成员的相互协作和技能互补，所以平等原则就变得尤为重要，只有互相平等，才能畅所欲言，为教学团队的发展献计献策，也才能形成和谐的工作氛围，为共同的目标而努力工作。

第二节　应用型本科院校优秀教学团队的目标

一、目标的重要性

联想集团前任总裁柳传志曾说过："一个没有目标的团队就像一艘没有舵的船，永远漂流不定，只会驶向失望、失败和丧气的海滩。"

没有篮筐就无法比赛的小故事，正说明了目标的重要性。一支篮球队在做了赛前热身后返回更衣室，教练给他们面授行动前最后的"战术和技巧"，下达最后的指示。他告诉队员们:"这是最后一战,成败就此一举,我们要么青史留名,要么默默无闻,结果就取决于今晚!没有人会记得第二名!整个赛季的成败就在今晚!"队员们士气高涨,一个个像被打足了气的皮球。当他们冲出门跑向球场时,几乎要把门从框上扯下来。可当他们来到球场上时却愣住了,一个个大惑不解,十分沮丧和恼怒,原来他们发现篮筐不见了。他们愤怒地大叫:"没有篮筐我们怎么打球?!"

是的!因为没有篮筐,他们就没法知道比分,就无法知道他们的球是否命中,是否犯规,他们的比分是否多于对手,接下来该如何调整战术等。总之,没有投球的目标,他们就无法进行比赛。教学团队也一样,教师们是否也只是松散的集合在一起在打一场没有篮筐的比赛呢?只有确立了教学团队前进的目标,才会最大可能地发挥教学团队成员的潜力。也只有实现目标,才能检验出教学团队的有效性和创造性,调动教学团队教师成员的那些优异、独特的品质。

二、教学团队的目标定位

站在提高教育教学质量和高校发展的角度,应用型本科优秀教学团队包含的工作内容繁多,如创新教育教学模式,提高教学质量;教学资源整合与配置,学科专业建设与发展,课程体系建设与改革;课程开发与实施、教学研究与改革;课程教材和实验室的建设;教学与科研相结合,探讨工程化、项目化教学;校企合作、社会服务,科技成果转化;组织和指导学生参加科研实践、自主创新活动和各类学科竞赛;落实教师的培养和梯队建设工作,提升教师队伍整体水平,培育各级教学名师和"双师双能型"教师等。

概括起来,应用型本科优秀教学团队建设的目标定位有以下三个方面:

(1)提升应用型本科院校整体教学水平。通过组建和培育优秀教学团队,明确学校重点扶持的专业或课程,找准切入点,充分发挥其在学科中的引领作用,并以此为辐射源,带动学校各院系、各学科专业教学改革的进展。同时,通过组建教学团队,有效地整合教学资源,鼓励和引导教师之间相互协作,以团队为基础对学生进行综合素质和综合技能的培养,形成教师教学合作机制和团队协作的氛围。

(2)提高应用型本科院校人才培养质量。联合国教科文组织曾提出新世纪培养人才的目标为"做人、做事、合作、创新",即新世纪需求的人才首先是学会做人,在学会做人的前提下才能会做事;同时,要想把事做好应学会与他人合作,只有善于与他人合作,才能不断创新。要培养学生的合作能力,在教学过程中应充分体现合作意识、合作精神,改变传统教学模式下教师单兵作战、各负其责,在传授知识过程中基本上缺乏教师与教师、学生与教师多重关系共存的团队内的横向互动,使得教学效果大打折扣的局面。鼓励和引导在教学和教育方面的教师合作、师生合作,以团队为基础对学生进行综合培养,可以有效处理复杂的教学问题,进而提高人才培养质量。

(3)锻炼和培养综合性、"双师双能型"高素质教师队伍。应用型本科院校一般都有较高水平的学术中坚,同时,也会通过各种途径选拔和培养了一批教学骨干。但由于缺乏投入和相应的激励机制,多数教师把主要精力用于搞科研,教学还主要体现为教师个体"无组织"的活动,缺乏产生"教学名师"以及合作进行教学创新和教学提升的氛围。通过组建教学团队,重点对有学术造诣、热心教学创新的中青年骨干教师作为带头人进行培养,或以他们为核心,组成教学带头人、教学骨干和一般教师等构成教学团队,通过教学团队的内部建设与外部培育,采用多种方式锻炼和打造一大批既有专业知识和专业技术,又有教学能力和实践能力的"双师双能型"高水平、多用途教师队伍。

三、教学团队目标的确立

教学团队建设的第一个阶段(形成阶段)就需要确定团队的建设目标,即团队要完成的任务。团队建设目标能够引领团队的发展方向,激发团队成员的工作热情和向心力,其确立一般包括团队追求、社会期待和环境影响三方面要素。目标的确立需满足以下条件:

(1)目标要有吸引力。要从教育的本质出发,制定能吸引教学团队成员为之努力和奉献的目标,用目标带动行为,发挥主观能动性和创造性,达到教学团队优秀的效果。想要有吸引力,教学团队的目标制定应该充分考虑教师队员的个人发展需求,将目标点与教师个人发展紧密结合起来,在实现教学团队目标的同时,使团队教师能收获个人职称、地位、尊重、环境等提升,让团队教师主动为了团队的目标奉献、协作、交流、和谐发展。

（2）目标要明确，并具体化、可衡量。含糊笼统的目标极难作为行动的指引，例如某教学团队对于教研方面的目标是提升团队教师的教学研究能力，如果单将目标定为"增强团队教师的教研能力"，则该目标肯定难以作为行动指南，因为它没有具体指出教研的哪一方面增加多少。但如果该目标改为"提升团队教师撰写和发表教研论文的数量，每人每年至少1篇发表于省级以上期刊"，则上述缺点将不复存在。所以教学团队目标确定的首要任务是明确团队目标，并能让团队所有教师都能方便地认识目标、理解目标；其次，目标必须是真实而具体的。如果教学团队的目标不够具体，那么就要及时提出"应以什么为目标"及"能以什么为目标"的问题来进行全体讨论，以便真正明确目标和理解目标。

在教学团队整体层面，必须具有长远发展规划和中短期建设目标以及特定学年和学期的教学改革和建设任务，并注意在工作中为教学团队设置不同层次的任务目标。在教师个人发展目标方面，也应对不同教师制定不同任务和发展目标，以确保教师发展的分类分层推进。

同时还要明确好目标的重要程度和执行次序。在许多情况下，教学团队的建设性目标不是唯一的，多个目标的存在，使得团队必须安排好目标次序，因为资源很可能不允许同时完成所有目标。教学团队根据规划、重要程度、轻重缓急等排列出目标的优先顺序后，要整合相关资源去努力实现现有的目标。对于延缓什么目标或放弃什么目标，教学团队带头人必须同团队成员一起进行系统检查，并认真、慎重地做出决断。一定要注意，在实施目标管理的过程中，教学团队目标次序的决定将直接影响管理者对资源的配置，从而决定团队的效率和效果。

（3）目标要全面。教学团队的建设内容丰富多样，建设目标相应也要全面。考虑到教学团队目标的阶段性、多元性、层次性和差异性，不同阶段要有不同的团队目标，要有多层次的战略目标、操作性目标和子目标，也要有长期目标、中期目标和短期目标等。既需要制定开展教学研究、教学改革、科学研究等工作目标，也需要制定培养青年教师、安排教师进修等培养目标，还需要制定进行学生科技创新、竞赛和社会对接的服务目标。如果只关注少数几个主要建设目标的制定与实施，长期来看将不利于教学团队的全面发展。

（4）目标要切合实际，可达到。所谓切合实际，就是指具有达成的可能，但也不能是低级或是很容易达成的。事实上，一种不是轻易能够达成的目标对团队成员才具有真正的挑战性。也就是说，目标本身必须具有相当的难度，以及经过努力奋斗具有被达成的可能。通常目标定得越高，其挑战性越大。但是，当目标高到令人感觉无法达成的时候，往往适得其反，使人望而却步、害怕畏难，更不用说达成目标了。

所以，应该根据教学团队的总体实力和教师成员的各自优势确定适合的目标，使各项工作做到思路清晰、设计合理，能够在目标实现的过程中激励、调动团队成员的积极性。如果制定的目标不切实际，不但不能顺利实现，反而会伤害到成员工作的信心和热情。

（5）目标要有时限性。任何一种目标都必须指明达成的期限。规定在一段时间内完成哪个既定目标对于提高教学团队工作效率至关重要，这样可以使教师成员明确工作任务的时限，从而合理地搭配时间，统筹安排，保证工作任务按时完成。没有时限性的目标只会助长成员懒散、拖拉的不良风气，导致团队工作效率低下。

如果有些目标的达成期限过长，为便于开展工作，通常可划分为较易于贯彻的短程目标。比如涉及学生一个培养周期的远程目标一般是四年，可以划分为四个"年目标"，每一个"年目标"又可划分为两个"学期目标"，每一个"学期目标"可再划分为"期初目标""期中目标"和"期末目标"等，每个阶段目标设置相应的考核方案，总结前一个目标的达成情况，衔接下一个目标的接续情况，也可以规避前期目标执行时间过长而导致总目标无法达成。

（6）以实现教学团队整体利益为前提来确定目标。教学团队要以团队整体利益为前提，充分考虑团队成员的个人需要与利益，将团队教师的个人追求与团队整体目标相结合，鼓励团队教师在达成个人目标的同时，促成团队整体目标的稳步前行。

（7）明确"应用型"的建设目标。建设应用型优秀教学团队可以借鉴的现成经验较少，需要深入领会教育部门文件精神和政策，密切结合学校自身实际和地方经济社会的产业特点，不怕失败，积极探索。但是在探索的同时，必须明确"应用型"是教学团队建设的目标和灵魂。领会精神，就是要求加强学习、深入调研，切莫故步自封、闭门造车；结合学校实际，就是要摸清家底、整合资源、突出优势、以点带面，通过量变实现质的飞跃；结合地方产业特点，就是要深入企业、市场调研,了解企业所需、市场所求,改革人才培养方案,教企业之所需,学企业之所长,从而为企业输送优秀的应用型人才。

(8) 目标必须用书面列明,并时常明示。许多人会认为没有必要将目标写下来,只要知道就行了,甚至会说他们已将目标记在脑中,只要他们时常想起,不用书面文字写下来那么麻烦,反正在执行过程中也不会产生任何实质上的差别。实际上,这种想法和做法在教学团队工作过程中非常不可取。首先,因为采用口头的方式容易遗忘或随着时间推移产生记忆偏差,而书面文字写下目标则可避免这些缺点,使团队教师对目标的记忆和理解保持稳定;第二,书面目标有助于目标内容更加清晰、具体;第三,当目标种类繁多时,以书面写下之后,比较容易发现它们之间的潜在矛盾;第四,采用目标责任制的方式,将目标列出并明确实施的责任人,对团队成员有督促和激励作用;第五,可以将书面列明的目标贴在教学团队工作室的墙上,或者印发给团队成员,起到时常提醒的作用。

第三节 应用型本科院校优秀教学团队创建的路径

应用型本科院校教学团队的创建,一般会通过传统教研室改造升级、跨学科择优再造或与企业联合共建、虚拟教学团队四种途径,每个高校、院系或学科可以根据自身的实际以及资源条件选择合适的方式。

一、传统教研室改造升级

教研室作为教师基层组织,来源于学校的行政安排,主要是根据学科、专业方向、所上课程等进行划分而组合在一起,在传统管理组织中属于学校的正式中间组织。教研室的优点是教师之间熟悉,沟通顺畅,容易开展工作;缺点是教师同质性高,在早期工作过程中已经影响渗透了彼此的教学思想、方法和技巧等,在合作中较难有新的火花出现,创新性不足。同时,由于成员来源于行政安排,教师的任务都是独立的,甚至是略带竞争的,相互排斥性较高,单打独斗的思想和做法根深蒂固。依托已有的教研室组织机构,用团队管理理念将教研室教师集合在一起,通过共同协作达成某个目标,如进行某门课程的精品课程建设、提高某门课程的教学有效性等,逐步将教研室改造成教学团队。

基于学校的管理现实,要使教研室升级成为教学团队,就必须运用团队运作模式对之进行改造。由于教研室职能的限制,一个教研室所包含的课程群体和教师数量都比较少,所以其升级的教学团队一般多属于小型课程教学团队,人数在3~8人左右。课程教学团队的功能性也仅局限在某门课程的教学推进上,影响力和影响范围均较小。当然,这种课程教学团队可以建立多个并存,使多门课程的教学均有所提高,也是提高应用型本科院校整体教学水平的有效途径之一。

具体方式是打破原来的教研室管理体制,以课程为单位组织教学,选拔教学团队带头人,召集同上一门课的教师们相互协作,共同承担责任,寻求课程教学的新发展。把传统教研室过于行政化、为教学而教学的组织内涵,转化为以教师专业发展为核心、以合作共享为主导的团体文化。

二、跨学科择优再造

跨学科教学团队一般是较大规模的系列课程所组成的教学团队,如土木工程专业教学团队、机械设计系列课程教学团队等。其教学任务不是完成一门课程的教学任务,而是完成一系列课程或者一个课程模块、系列专题讲座,甚至仅仅是一节课或者一个讲座,也需要由具有不同知识技能的多个教师共同完成。

跨学科教学团队,可以由行政领导先遴选教学团队带头人,再根据教学团队的需要从众多教师中选拔年龄、职称、课程类别、教科研能力等方面互相补充、能有效协作的教师作为团队成员。这种教学团队的成员可能来自不同课程、不同教研室,甚至不同院系,个人能力强、综合素质高,临时组合在一起后,由于彼此不熟悉,工作方法不同,学科、职称、年龄、性格特征等各异,一般需要较长时间的培育才能真正有效合作。但也正是这种差异,团队成员的思想碰撞会更频繁,只要能搭建良好的沟通平台,创建和谐的团队文化,这种思想碰撞就会产生大量的创新内容,推动教学团队的良性发展。

三、校企合作,共同建设

针对应用型本科院校对教学团队专业技术和实践能力的较高要求,自身教师又缺乏相应的"应用性""实用性"的问题,可以依托校企合作平台,采用"请进来""走出去"的方式改善教学团队的结构。所谓"请进来"就是邀请企业、行业工程师、专家担任兼职教师,加入教学团队,作为实践教学与研究的有力支撑。"走出去"则是积极创造条件,分期分批选派团队教师到相关企业进行顶岗学习,掌握第一手先进技术和经验,利用企业培养"双师双能型"团队教师,为教学更好地服务。

四、虚拟教学团队

随着现代通信与信息技术的发展,借助远距离通信技术和信息技术进行跨空间的教学团队是一种新型的教学团队,即"虚拟教学团队"。它是在远距离通信技术和信息技术的基础上,将地理上、组织上分散的教师组织起来从而完成某一教学目标的组织形式。虚拟教学团队的成立除了依存多样化的通信技术外,其成员的组织也是灵活的。应用型本科院校可以依据某个目标或任务临时组建虚拟教学团队,打破学校固定的层级制度,聘请专兼职、校内外的教师组合起来,通过合理的沟通制度和通畅的沟通平台,实现技能互补,团队效果最优化。

第四节 教学团队的结构

由第一章团队的构成要素可知,教学团队的构成也应该具备目标(Purpose)、人员(People)、计划(Plan)、权限(Power)、定位(Position)这五个要素。教学团队的结构属于人员要素的范畴,是指教学团队内教师的构成情况,如职称结构、年龄结构、学缘结构、知识技能结构、组织分工结构等。只有科学合理的教学团队结构,才能使团队教师发挥更好的互补和协作性,体现教学团队的最大优势。

一、教学团队带头人

教学团队带头人在团队的建设与管理中扮演着举足轻重的作用,其遴选多来自于行政任命,一般需要考虑多方面的因素,有科学的标准。当然,我们首先想到的应该是选择一个具有丰富教学经验、教学科研水平均较高、拥有一定影响力和号召力的教师。同时,我们也发现,作为应用型本科院校的教学团队带头人,这些教学效果优秀且具有较高专业能力的一线教师,之前不一定从事过管理工作,也不一定拥有正式的行政职位和权力,他所领导的团队成员大多数情况下只是他的同事。在实际工作中,团队带头人既要完成自己的业绩指标,也要为整个团队的业绩负责,其领导能力应该更大于其自身的教学科研能力,作为衡量其工作能力的另一标准。所以,教学团队带头人的领导素质应该是被考虑的重要因素,如人格素质(独立的人格意识、宽容、平等和民主精神,人权和公民意识等)、精神素质(精神面貌、使命感和思维状况)、道德素质(诚信、达成目标不违背道德底线)、科技素质、职业素质、健康素质(身体和心理)、文化素质(觉悟、学习能力)等。

二、教学团队规模

一般来说,教学团队规模过大、人数过多,管理难度就越大,团队精神和凝聚力也越难形成,很容易产生社会惰化,出现"搭便车"现象。而教学团队规模过小、人数太少,又难以完成教学任务或团队目标。所以,通常情况下,优秀高效的教学团队都需要合理的团队规模。研究表明,应用型本科院校教学团队的规模在5~12人为宜,最好控制在15人以内。针对教学团队的具体规模,应该根据教学团队带头人的素质、成员对团队带头人以及相互间的认同程度、教学目标等因素来确定。如果一个教学团队的共同愿景比较远大,确需较多的教师组成,为了便于管理,在完成某些分项目标时,可以考虑分成多个子团队进行。

三、打造合理的团队结构

除了遴选合适的教学团队带头人,拥有合理的团队规模外,应用型本科优秀教学团队还应在职称结构、年龄结构、学缘结构、知识技能结构、组织分工结构等方面做到优化,在选拔团队教师时尽量做到异质性、优势互补,具有梯队和可发展性。一般认为"金字塔"形的教学团队结构较为合理,如组成由教学水平高、学术造诣深的教授或副教授带头,其他教授、副教授、讲师、助教、实验员以及行政辅助人员等参与的梯次合理的队伍,其中既有教学经验丰富、教学效果优秀的名师,又有教学科研成果显著的骨干教师,还有教学辅助人员,每个教师成员的角色和分工各不相同。在团队的协调下,成员之间在知识、技能、个性等方面展现出彼此的互补性,从而提高教学团队的整体绩效。切忌为了优秀而优秀,把认为优秀的所有教师都集合在一起,而造成团队成员同质性过高或年龄偏大。

优化"应用型"教学团队的师资结构。应用型教学团队必须要有合理的人员结构,一方面,擅长"单打独斗"的教师因没有团队意识和合作精神而不能作为团队成员;另一方面,纯理论教学型的教师因没有工程实践经验和竞赛指导经验,也不能成为团队成员。因此,必须通过"内培+外引"的形式优化团队人员的应用型能力结构,原则上团队教师均应是具有团队意识和协作精神的"双师双能型"教师。一是要求所有教师成员通过各种培训和活动增强团队意识和合作精神,甚至是奉献精神和牺牲精神;二是通过派遣教师下企业顶岗锻炼并帮助企业解决技术攻关难题积累实践经验,指导教师申报企业的各项横向课题提升工程能力,组织教师参加行业特许的资格培训,鼓励教师指导学生参加各项学科竞赛和技能竞赛;三是注重对具备工程技术和行业实践背景人才的引进或专兼职聘用;四是将这些教师成员有机组合、取长补短,共同学习与交流,从而实现师资队伍整体水平的提升,提高应用型人才培养的实力。

同时,为了充分发挥教学团队对青年教师的传帮带作用,教学团队一定要注意教师梯队的建设,力争带好一帮青年教师,团结凝聚一批学术骨干,建设一支富有凝聚力和战斗力的应用型本科教师队伍。某一阶段的教学团队的结构要以一个相对稳定的固定形式存在,但纵向来看,教学团队的建设过程会是一个动态的发展过程,不同阶段、不同时期需要不同特点的人员参与。因此,高效合理的团队还应该根据任务和目标的需要,在适当的时候及时调整教学团队人员的进出。

第五节 "建筑专业基础"应用型教学团队的创建

以南京工程学院建筑工程专业工程教育认证为契机,南京工程学院建筑工程学院从2016年开始开展课程教学团队创建工作,通过课程内容、教学设计、考核方式等环节支持课程教学目标的达成,用于课程及教学过程的改进。

同时,基于江苏省教育科学"十三五"规划课题的研究内容,课题组创建应用型教学团队用于实践研究,拟以学院级别优秀教学团队进行建设,主要根据合理的学缘结构、年龄、职称、专长特点等有利于教学成果产生的制约因素,以教书育人为纽带,把提高教育教学质量作为共同愿景,为完成某个教学目标而明确分工协作,相互承担教学责任的少数知识、技能互补的教师所组成的团队。

一、确定教学团队建设总体目标

本课题的研究视角是应用型本科院校的教学团队,目标重在"应用"二字,要求以体现时代精神和社会发展要求的人才观、质量观和教育观为先导,在新的高等教育形势下构建满足和适应经济与社会发展需要的专业结构、课程体系,更新教学内容、教学环节、教学方法和教学手段,全面提高教学水平,培养具有较强社会适应能力和竞争能力的高素质应用型人才。要求注重学生实践能力,培养应用型人才,从教学体系建设体现"应用"二字。

经过反复讨论,课题组发现,在教学过程中想要学生很好的"应用",必须要有扎实的专业基础知识和技能,才能将自身所学投入工程设计和运行当中,否则"应用"二字将成为空谈。基于此,课题组确定了符合建筑工程学院建筑工程专业应用型教学团队名称为"建筑专业基础"应用型教学团队,并制定了相应的团队总体目标:以建筑工程专业基础课程群为域,结合课程间的关联与持续性,选拔具有一定梯队、知识技能互补的教学团队成员,相互协作以提高教师教学水平和教学质量。

二、组建"建筑专业基础"应用型教学团队

1. 遴选团队带头人

"建筑专业基础"应用型教学团队带头人,在专业基础课任课教师中选取,综合各项指标,最终选定建筑制图课任课教师赵老师(副教授)担任。

一是因为建筑制图课是所有专业课程的绘图基础,是建筑工程界交流的手段和工具,基本贯彻整个专业的学习。

二是该教师本身教学能力突出,是校级教学名师,校本科教学质量优秀奖、毕业设计优秀指导教师、科技创新优秀指导教师获得者。同时,也是江苏省高校土木工程专业教师讲课大赛特等奖、全国高等学校中青年骨干教师图学课程示范教学与创新教学法观摩竞赛二等奖,以及校级优秀教案评选一等奖、讲课大赛一等奖等荣誉的获得者。

三是该教师具有较高的教科研水平,先后主持省教育科学"十三五"规划重点课题、省教育科学"十二五"规划课题、校级重点科研基金、校级高等教育研究重点课题,主研国家自然科学基金、省自然科学基金、住建部科研基金及校级教科研基金、精品课程建设等数项。主编和副主编教材数部,以第一作者发表教科研论文20余篇,且包含数篇EI检索和核心期刊。

四是该教师多次组织并指导学生获得校级、省级、国家级先进成图大赛奖项数十名,拥有较高的服务和奉献精神。

五是该教师做事认真负责、公平公正、待人和蔼可亲,有一定的组织协调能力,在同事中具有感染力、号召力和影响力。

2. 筛选课程

建筑工程专业的专业基础课众多,根据教学团队的建设目标,课题组筛选出与学生专业能力关联性大、实用性强的土木工程概论、建筑制图、工程测量、建筑材料、房屋建筑学、结构力学、计算机辅助制图以及相关的房屋建筑学课程设计、测量实习、建筑材料实验等课程作为教学团队的核心课程。教学团队的实践研究是否有效,对应的近期目标考核是课程的达成度,最终目标考核是学生专业基础知识和技能的提高,以及学生在后期的专业学习和专业素质发展中对专业基础知识和技能的应用情况。

3. 选任教学团队成员

基于教学团队的建设目标、所对应的课程以及考虑年龄、职称、学历、学缘结构、教学科研能力、个人积极性等选拔除带头人外的教学团队核心成员(教学骨干)、一般成员和服务人员共13人。其中教授2人、副教授3人、讲师4人、助教1人、实验师1人、助理实验师1人、教务秘书1人;博士后1人、博士4人、硕士7人、本科1人;50岁以上3人,41～49岁4人,36～40岁3人,35岁以下3人;具有工程实践经验的6人,取得注册工程师资格的有4人;江苏省"333工程"培养对象和江苏省"六大人才高峰"资助对象1人,江苏省高校"青蓝工程"培养对象2人,校学术拔尖人才2人。

第四章
应用型本科院校优秀教学团队成立期内部建设与管理

教学团队,区别于企业的生产、销售、客户服务等团队,是具有高学历、高专业技能的教师所组成。由于教师的职业特点,他们独立性强、悟性高、有自己独特的工作方法和专业见解,但往往又孤傲清高、愤世嫉俗、挑剔苛刻,有很强的自尊心,同时也很脆弱、期望被认同。如何管理好这样一群人,使他们心甘情愿为教学团队的愿景而奉献,需要精心地对教学团队进行建设。那么什么是优秀的教学团队,具有哪些特征?研究表明,优秀的教学团队一般都具有一个吸引力的目标、一位具有领导力的带头人、一套高认同的规章制度、积极向上的团队精神、良好的沟通、合理的冲突处理、有效的激励措施、和谐的团队文化、科学合理的团队绩效管理和充足的外部资源保障。其中前八项属于教学团队内部建设和管理的内容,后两项属于教学团队外部管理的范畴。

根据团队发展理论可知,团队一般会经历成立期、震荡期、规范期、执行期和调整期五个发展阶段,当发展到调整期任务完成后会自动解散。但由于教学团队性质的不同,其总体目标通常是整体教学质量的提高,想要达成这个目标需要较长时间的研究和实践,甚至是教师一生的追求,所以教学团队是一个持续性发展的团队。因此,区别于企业性质的团队,我们可以将其发展阶段归纳为成立期、运行期和发展期三个阶段。本章主要通过"建筑专业基础"应用型教学团队的实例来阐述应用型本科院校优秀教学团队成立期内部建设和管理的方法和实践,主要包括教学团队的目标管理、教学团队带头人领导力建设、教学团队内规章制度建设和教学团队精神建设四个方面。

第一节 应用型本科院校优秀教学团队的目标管理

教学团队的总目标通常称为使命，又称为正式目标。它说明教学团队存在的理由，主要用来描述教学团队的愿景、共享的价值观和信念，以及存在的原因等，对教学团队具有强有力的影响。

教学团队的使命和整体目标为团队发展过程中更具体的操作性目标提供了基础。操作性目标一般是涉及教学团队所要完成的主要任务，是教学团队未来一段时间内争取达到的期望状态或结果。每一个教学团队在任何一个时间段都有自己特定的目标，如某门课程的精品课程建设、教材建设或者服务社会效果等。这些目标是团队成员的行动指南，是团队计划、协调、控制和考核的基本依据。

不论是正式目标还是操作性目标，对教学团队来说都很重要，但是它们服务于不同的目的。正式目标和使命描述了教学团队的价值取向，而操作性目标则反映了教学团队的主要任务；正式目标使教学团队的存在具有合法、合规性，而操作性目标则为教学团队提供行动的方向、决策的指导和绩效评价的标准等。

所谓应用型本科优秀教学团队的目标管理，就是管理其目标路径，或依据目标进行管理。教学团队开展目标管理的主要任务，是为了让团队中各成员进一步明确团队的目标和各相关层面的目标(阶段目标或个人目标)，理清各目标的次序，合理利用资源并有效地保持实现目标的过程和方向。

教学团队目标管理的基本内容是动员团队教师参与制定教学团队和个人目标，并保证这些目标的达成。一般情况下，其目标管理的内容包括教学团队目标体系的制定、目标的实施和目标成果的评价三个方面。

一、应用型本科院校优秀教学团队目标体系的制定

目标体系的制定是目标管理的第一个阶段。首先由教学团队带头人根据教学团队的性质、主管部门要求，结合团队发展方向，听取团队内教师的意见后确定教学团队的总体目标。其次是教学团队内部为完成总体目标而细化为操

作性子目标。再次,针对每一个操作性子目标,提出所要完成的具体任务。最后,根据具体任务制定教师个人的目标。这样,自上而下把教学团队的总体目标层层展开,最后落实到团队的每位教师身上,形成一个完整的目标体系,共同为实现教学团队的总体目标而奋斗。

例如"建筑专业基础"应用型教学团队目标体系的制定过程如下:

(1)"建筑专业基础"应用型教学团队建设的总体目标是提高团队教师教学水平和教学质量,主要根据其工作范围、工作内容和团队所有教师的愿景而制定。

(2)在总目标框架下,为了有效地实现这个整体目标,划分出各操作性子目标,内容包括教学团队结构、教学工作、教学研究、教材建设、科研和社会服务以及运行和管理机制共六个方面,构成总体目标的支撑结构。

(3)针对每一个子目标,又具体细分为不同的任务,根据这些具体任务灵活组成分团队,以完成相对应的目标。例如"教学工作"子目标下包括"了解建筑学科(专业)及行业现状;追踪建筑学科(专业)前沿;及时更新教学内容;教学方法科学,教学手段先进;重视实验、实践性教学;引导学生进行研究性学习和创新性实验;培养学生发现、分析和解决问题的能力;有强烈的质量意识和有效的教学质量管理措施;教学效果好,无教学事故"共九项任务。具体详见图4-1所示。

(4)根据每个教师所涉及的具体任务,由团队带头人同教师个人一起讨论,制定出个人目标与计划。比如"教学研究"子目标下的"教研教改课题"任务,对涉及的教师,根据其研究能力制定校级或省级教研教改课题申报的个人目标。对于职称不符合申报要求和研究能力不及的青年教师先以撰写和发表教研类论文作为前期个人目标,在教学实践和课题参与中多多积累经验以期能独立承担相关课题研究任务。团队教师的个人目标已经具体细化到某一具体工作,内容明确,目标的实施计划也要列明,比如课题申报要在官方截止日期前完成,教研论文要在三个月中撰写初稿,六个月内终稿发表等。不仅给团队教师指明了工作方向,而且有相应的完成计划,这样更有利于目标的达成。同时,教学团队带头人在课题选题、申报书编写等方面与团队教师充分交流沟通,给予最大的指导与帮助。在各级课题申报和研究过程中,也是教师梯队形成和锻炼的大好时机,老带新,新学老,使教学团队的整体教研水平持续上升。

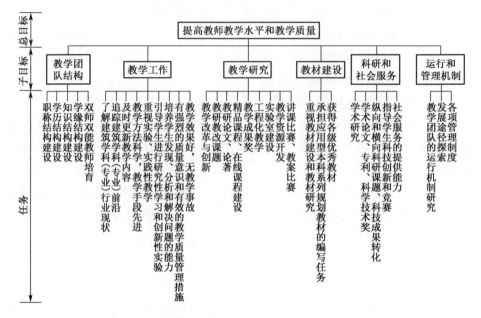

图 4-1 "建筑专业基础"应用型教学团队目标体系

二、教学团队目标的实施

教学团队目标的实施是其目标管理的第二个阶段。目标的实施一般包括三方面的工作：①通过教学团队目标的分解，责任到人，对团队教师委任相关权限和义务，使每位教师都能明确自己的责任，让他们在工作中能实行自我管理，积极主动地实现个人目标；②加强团队内部的意见交流和必要的指导，由团队教师自行选择实现目标的方法和手段，从而充分发挥各级人员的积极性、主动性、创造性和工作才能，提高工作效率，保证各级目标的全面实现；③各级目标的实施都必须以团队为先，个人利益服从团队利益，团队目标实现的同时带动实现个人目标。

例如"建筑专业基础"应用型教学团队根据图4-1所述的教学团队建设目标，团队教师依据所上课程、自身优势，灵活组合形成多个分团队，进行相应的工作，努力达成相应的目标任务。

1. 分团队划分

根据课程不同划分为建筑制图分团队、建筑材料分团队、工程测量分团队、房屋建筑学分团队、结构力学分团队、计算机辅助制图分团队、毕业设计分团队等，主要进行教学、教材、科研等任务；根据校、省、国家三级科技创新和竞赛种类划分为大创分团队、先进成图大赛分团队、测量技能大赛分团队、Thinking 专利社分团队等，主要进行学生科技创新、专利发明和竞赛的组织、指导工作。当然，这些分团队中成员并不固定，可能会由于教学任务、教研课题、科研项目、学生大创题目的不同而临时有所调整。

除教学团队带头人以外，每一个分团队也需设立下一级管理者，直接参与和管理分团队相应的任务和过程，我们称之为某某分团队负责人。由于教学团队中教师的技能互补性，随着分团队类型和任务的不同，负责人可由不同的团队教师担任。这一举措可使团队教师都有机会参与到团队管理中来，大大增加教学团队的民主性，也会增强团队教师的责任心、相互信任度和协作能力，有利于团队文化的形成。

2. 教学团队结构优化建设

在"建筑专业基础"应用型教学团队组建时已充分考虑职称、年龄、学缘结构、学历、教学科研能力以及工程实践经验等因素，同时在团队建设期间继续努力提升团队教师的理论和实践能力。包括：

（1）依托学校工程实践制度，轮流安排团队教师脱产下工程企业或进实验室一线实践，尽量向"双师双能型"教学团队靠拢。

（2）青年教师导师制。教学"传帮带"是提高青年教师有效教学能力的重要手段，安排一对一有经验导师进行指导，要求青年教师完整观摩指导教师一门课的所有内容，并学习规划编制自己的教学内容、教案和课件等，指导教师做好课后的辅导和答疑工作。通过手把手、面对面的课堂听课行为，吸收老教师的教学经验，积累课堂掌控技巧，提高教学的有效性，使青年教师迅速成长。

（3）鼓励帮助团队教师晋升高一级职称，壮大教学团队的高层次人才力量，使团队教师在达成团队目标的过程中同时实现个人价值，增强其团队归属感。到目前为止，"建筑专业基础"应用型教学团队已有三位成员晋升高一级职称，一位是副教授晋升为教授，一位是讲师晋升为副教授，一位是助理实验师晋升为实验师,不仅对当事教师有较大鼓舞,而且对其他教师也是一种激励,使教学团队具有更大的吸引力和凝聚力。

（4）鼓励团队教师在职学历学位提升,提高其学习和研究能力。截至目前,"建筑专业基础"应用型教学团队已有两位成员在职攻读博士学位,一位成员在职攻读硕士学位。

3. 教学工作目标实施

教学团队的重点是教学工作,要求团队成员在教学过程中要了解学科（专业）及行业现状,追踪学科（专业）前沿,及时更新教学内容,教学方法科学、手段先进,重视实验/实践性教学,引导学生进行研究性学习和创新性实验,培养学生发现、分析和解决问题的兴趣,有强烈的质量意识和完整、有效、可持续发展的教学质量管理措施,教学效果好,无教学事故。具体措施有：

（1）有计划地通过调研走访、行业论坛、专业学术会议、教学沙龙、名师报告、工程师进校园,以及团队内部集中交流等活动开展教学交流活动,开阔团队教师的眼界,获取多元知识,及时掌握行业动态,追踪学科（专业）前沿,获得第一手资料。

（2）课程内容优化与调整研究。教学内容改革是提高教学有效性的核心部分,所以首先要对教学内容进行优化,重组知识体系,避免内容重复和知识脱节,着重体现易学实用性。建筑工程专业中很多课程具有相关性和连续性,但在实际教学过程中,由于教师的独立性,往往只关注自己所教课程,很少关注其他课程的关联性,导致知识的人为性断层。在"建筑专业基础"应用型教学团队建设实践中,重点研究了关联度大的课程之间交叉融合教学,以及有针对性的支撑教学。例如《建筑制图》与《计算机辅助制图》的融合教学,《建筑材料》+《建筑制图》对《房屋建筑学》的支撑教学,《房屋建筑学》对《毕业设计》的支撑教学,《结构力学》对《混凝土结构》+《钢结构》+《工程结构抗震》+《毕业设计》的支撑教学等。

下面以《建筑制图》和《计算机辅助制图》这两门关联度最大课程的交叉融合教学改革为例介绍其课程内容优化和调整。

这两门课都是建筑工程专业重要的专业基础课,是专业学习的入门课程,几乎贯穿专业学习的整个过程。其中《建筑制图》是以画法几何为理论基础,研究图解空间几何问题的基本原理以及绘制、阅读建筑工程图样的基本方法,培养学生的空间想象力、思维能力,使学生具有画图、读图的基本能力,掌握手工绘图的基本技能。这门课既有系统理论,又有较强的实践性,学习和教学难度均较大。传统的《建筑制图》课程教学思想是以教师为中心,采用课堂讲授知识、学生课后进行练习为主要形式。在接受知识的过程中,学生处于被动地位,主动参与的机会少,积极思考与提出问题也少,掩盖了学生不同的学习特点和认知差异。而《计算机辅助制图》课程以《建筑制图》课程为基础,主要教授计算机辅助绘图软件的基本操作以及在建筑图中的应用,培养学生计算机绘图的基本能力,掌握计算机绘图的基本技能。课题组在教学及研究中发现,《计算机辅助制图》课程目前的教学现状并不尽如人意,在课程学习阶段即能掌握的学生很少,以至于在后续的专业课和课程设计中,不能很好地发挥计算机辅助设计的优点而耗费大量的时间,成为学生的"负担",可以说"老师教得累,学生学得也累",教学效果很不理想。

所以在试点教学过程中,根据课程的教学目标,将两门课程交叉融合,教学内容进行了较大的取舍和调整。以理论知识为基础,国家标准为依据,绘图和阅读为主体,来实现绘制建筑施工图的全过程。从施工图开始,以施工图结束,中间讲述各种看图和绘图方法,并实时穿插相关的制图标准和规定。具体如下:

① 从认识建筑物开始,介绍建筑概述,并基于此引出建筑设计成果的表达方法——图样。

② 制图的基本知识与技能:主要介绍建筑制图标准(如图纸图幅、图线、字体、尺寸标注、比例等)、制图方法和步骤,同时介绍利用 AutoCAD 软件绘制图框、标题栏等基本命令。弱化手工尺规绘图相关内容(涉及尺规仪器、几何作图)。

③ 空间建筑形体的二维表示理论与方法(即画法几何部分):主要介绍投影基本知识、点、直线、平面的投影、平面体的投影、曲面体的投影、组合体的投影、图样画法等,并实时穿插介绍各种几何元素及平面图形的 AutoCAD 绘制方法。削减立体表面交线和轴测图内容,去除那些不适合计算机绘图的简化画法,如对称图形、相同结构要素的简化画法等。

④ 建筑施工图概述:介绍建筑施工图的形成、表达的内容、专业制图规定,同时介绍使用 AutoCAD 绘制建筑单体符号的方法(如轴线编号、标高符号、所

有符号等)。

⑤建筑平面图:介绍平面图的图示内容及表达方法,并结合建筑制图标准介绍 TArch 天正建筑软件绘制建筑平面图的方法。

⑥建筑立面图:介绍立面图的图示内容及表达方法,并结合制图标准介绍利用 TArch 和 AutoCAD 软件生成并细化立面图的方法。

⑦建筑剖面图:介绍剖面图的图示内容及表达方法,并结合制图标准介绍利用 TArch 和 AutoCAD 软件生成并细化剖面图的方法。

⑧建筑详图:介绍墙身、楼梯、门窗等详图的图示内容及表达方法,并结合制图标准介绍利用 TArch 和 AutoCAD 软件,绘制、生成、细化详图的方法。

⑨课程综合练习:中小型民用建筑系列施工图识读及绘制出图等。

通过诸如此类方法对教学内容进行优化,以促进知识利用率的最大化。

(3) 改进教学方法和手段(以《建筑制图》《计算机辅助制图》和《房屋建筑学》三门课程的教学为例):

①教学方法工程化。为了更有效地体现专业理论知识的应用型,在教学过程中可以采用一个实际的工程项目为线索来展开相关的教学内容。这个实际的工程项目,可以是综合的,如一个小型住宅区的建设项目;也可以是单项的,如一栋住宅楼或办公楼的建设项目,甚至是一个模型或者一个建筑构件。但该工程项目必须是符合课程特点,有代表性,且应便于搜集设计资料和现场观摩教学的。在教学过程中可以根据课程内容和进度对所选工程项目进行拆分及合并。如在讲授空间建筑形体的二维表示理论与方法(即画法几何部分)、AutoCAD 基本命令以及建筑构造时,将教学所选择的工程建筑物进行分解,然后再将分解后的各个部分结合理论知识进行讲授。而在读图识图、整套施工图绘制、建筑方案设计等内容的讲授时,再将所学的分体知识组合起来。一分一合,循序渐进,再加上理论与实践相结合,学习效果倍增。

同时,引入竞赛机制,选择实际的新建或在建工程前期招投标资料,开展建筑方案设计竞赛,评选优秀作品,锻炼学生解决工程问题的能力,体验工程招投标管理,为后续专业学习和发展奠定基础。

②教学手段多样化。为了将教师讲授与学生实践更好地结合起来,根据教学内容适时将教学地点安排在多媒体教室、计算机房或认识实习现场。纯理论内容安排在多媒体教室,利用图片、动画、模型加板书教学;计算机绘图软件介

绍部分安排在计算机房,使听课的学生人手一台电脑。采用新兴的多媒体教学软件(如极域电子教室),使教师操作的内容能同步显示在学生机上,实现教师一人对学生多人的手把手教授,达到听、看、练同步。为了防止教师在演示过程中,学生急于动手操作而不认真听讲的现象,可通过相关的软件控制学生机操作,在教师讲解阶段学生机只能观看而不能操作,使学生真正看懂后再解控学生机进行练习,真正做到当堂内容当堂消化,效果明显。涉及建筑设计部分,为联系工程实际,可安排室外建筑物认识实习。结合真实建筑物讲解设计内容、构造组成、考虑因素、多样性、合理性等,从实际出发,逐步引导学生在了解建筑物每个部分的设计方法后能创新思维、变换思路,设计同类型而不雷同的建筑物布局和细部构造。在整个教学过程中要合理安排和使用各种现代化教学工具和手段,改变以讲课为主的传统授课方式,努力使"教学"变为"导学",强调课堂教学效果的突破与创新。

同时,不局限于传统课堂,利用微课、慕课、翻转课堂、雨课堂等进行混合式教学、网络教学。为学生提供强大的自主学习资源,让学生通过协作学习和独立探究完成学习任务,最终实现教师在课堂上由主体变为"导演"的角色,使学生成为学习的主体。

4. 教学研究目标实施

积极开展教学研究和改革,鼓励和支持教师努力承担各类教研教改课题,不断提高教学研究与教学改革水平。在教育教学领域,以教学工作为中心,积极开展人才培养方案、课程设置、课程体系改革、教学方法改革、实验实训场地建设等方面的研究,开发新课件、开展双语课程、共享教学资源等。积极参与教育教学研究项目,通过教学研讨和经验交流,努力提高年轻教师的教学水平,以及科研与教学相结合的能力,不断改进人才培养模式,提高本科生的专业能力和综合素质。通过科研促进教学提高及创新人才的培养水平,指导学生参与到教师的各类课题中,设计(或论文)课题来源于教师的课题和承担的实际工程项目,教师能结合科研指导学生创新以及完成实验实习基地建设。

同时,通过加强实验队伍建设,提高实验教学和管理水平,建立校企协同创新实验室,通过有限开放实验室等措施,提高实验对教学的补充作用。

在此项目标实施中,"建筑专业基础"应用型教学团队成员主持和参与省部级教研教改课题 10 项,校级教研课题 3 项,以第一作者发表教研论文 13 篇,其中开展的 CDIO 工程教育模式研究也取得了不错的效果,具体改革方案总结见附录 2。

5. 教材建设目标实施

基于课程教学目标和内容的调整,积极编写适用于应用型本科系列规划教学新教材。又由于教学研究和改革是一个循序渐进、继承精华同时调整舍弃不足的过程,教材建设应顺应这个规律,在兼顾市场效应的同时,分几个阶段逐步进行和完善。

例如针对《建筑制图》和《计算机辅助制图》课程的教材建设就可以分为以下两个阶段进行:

第一阶段:针对专业特点和行业适用性,改革传统的计算机辅助制图类教材通常只介绍 AutoCAD 或只介绍天正建筑软件,过于突出单个软件的全面性和独立性,而忽视专业性和关联性。建设内容涉及建筑制图标准、各种建筑施工图的绘制等,重点突出软件使用方法、规范标准和实际应用相结合的综合类计算机辅助绘图教材。此阶段已完成并用于试点班级的教学实践(东南大学出版社,《土木工程 CAD+天正建筑基础实例教程》),目前已修改完善至第 3 版。由于此教材结合土木工程各制图标准、CAD 制图统一规则以及专业规范等,以易学实用为出发点,有针对性地安排章节内容,采用图文并茂、案例化讲解方式,做到软件使用方法与规范标准和实际应用不脱节,更适宜学习和教学使用,受到师生的一致好评。

第二阶段:添加画法几何部分,建设综合设计制图类教材。此阶段综合合理使用各种媒体(纸质文本、多媒体教学系统等),使教材图文并茂、动静结合、学练有序。此阶段教材已完成并于 2018 年 7 月出版(东南大学出版社,《土建工程设计制图》)。

进行各阶段教材建设的目的,是致力于改变目前教材及教学现状的不足,让教材更具专业性和实用性,更适合应用型本科建筑类专业人员使用,为教学双方提供一种综合性的教学资源聚合与交流平台,以最大限度地满足教学需要,满足教育市场的需要,增强教学能力,培养工程应用人才。

6. 科研和社会服务目标实施

(1) 建立健全科研和社会服务鼓励措施。鼓励团队教师积极进行专业技科学研究,提升自身的学科专业能力,为教学服务。优先支持团队教师进行国内外高校学术访问,提升专业技术和管理层次。鼓励教师深入企业、项目进行锻炼,争取每一年都派出教师到企业顶岗工作,参与工程建设全过程管理,提升工程实践经验与服务能力,促进科研质量的提高。

(2)重视纵(横)向课题研究。提倡教学团队成员以纵(横)向研究课题为载体,通过课题研究工作的实施,提升自身技能。积极申报校级、省部级和国家级科研基金项目,提升团队成员的理论研究水平;大力提倡与企业的横向课题合作,实践解决实际工程问题,以提高团队成员的工程技术能力。同时,也可将这些课题成果编制成教学资料,以丰富教学资源,提高教学水平。在此项目标实施中,"建筑专业基础"应用型教学团队成员先后主持和参与国家自然科学基金5项,省部级科研基金7项,校级科研基金5项。以第一作者发表科研论文近50篇,其中SCI检索8篇,EI检索5篇,中文核心16篇;授权发明专利14项;横向课题到款37万元,可以说是成果丰硕。

(3)积极指导大学生科技创新和学科竞赛。指导大学生科技创新和学科竞赛的过程,是教书育人、理论联系实际的过程,更是团队教师课堂教学的素材和案例的来源,也是提高教学质量的必要组成部分。"建筑专业基础"应用型教学团队所有成员都承担了校级及以上大学生科技创新的指导工作,部分教师承担校级"挑战杯"培育和支撑项目;部分教师以分团队形式组织校级CAD应用能力大赛、校级测量技能大赛,带领并指导学生参加华东区CAD大赛和全国先进成图大赛等。截至目前,已经课外指导学生参加各级竞赛及科技创新项目,荣获包括国家级一等奖在内的百余项奖项。

7. 运行和管理

实行院、系、带头人三级管理制度,在团队建设中逐步制定出教学团队章程、工作制度、会议制度、绩效考核制度等。详见本章第三节内容——教学团队的规章制度。

三、教学团队目标成果的评价

对教学团队目标成果的评价是目标管理的最后一个阶段,其目的是促进目标管理工作的进步,鼓舞团队全体成员的斗志,以便更好地为达成总体目标而努力奋斗。教学团队目标成果的评价工作通常是某个阶段性目标实施活动已按预定要求完成后开始的，可以是定期评价（如月度评价、期中评价、期末评价或年度评价），也可以是即时评价（目标实施一完成即进行评价）。评价需预先制定好规则和制度，根据评价计划中预定的目标值对实际取得的工作成绩进行比较评价，得出是否完成目标以及完成目标的程度如何等结论，并与奖惩制度和激励措施挂钩，激发教学团队教师完成目标的积极性。同时，评价结果应采取合适的方式及时反馈给目标的实施教师本人，以便让每一位团队教师都能很好地总结其工作的经验和教训以及差距和进步等。

一般来说，教学团队目标成果的评价有以下几个步骤：

（1）目标实施教师本人自我评定。各级目标的具体实施教师应根据预定的目标值和自己的实际工作情况进行自我评定，自我检查目标实施过程中态度是否端正、方法是否正确、手段是否合适、结果是否达到预期、是否足够努力、未来如何改进等。

（2）教学团队带头人和负责人评价。教学团队带头人和子团队负责人等对隶属自己的团队教师取得的目标成果，采取客观、公正的态度以统一的标准进行过程和结果评价。同时，还要对教师个人自评进行指导，使团队内教师成员能恰当评价个人成果，积极引导和鼓励其为达到下一个目标而继续努力。

（3）考核评定小组的综合评议。在教学团队内部成立考核评定小组，根据各级各类目标的实施计划，结合教师自我评价、带头人和负责人评价情况，对各项目标逐一进行考核评定。在评定过程中，应关注实际取得的成果，并与目标的实施教师充分交换评定意见，以减少或避免评定工作中的片面性和局限性。

（4）教学团队内部奖励与总结。教学团队目标成果的评价应与奖惩制度和激励措施相结合，针对不同情况给予目标实施的教师以物质、精神、民主、个人发展等方面的奖励或荣誉，提升团队教师的士气，激发他们的战斗力。对于已经做了努力，因为非自身的不确定性因素（如申报课题未通过上级审批）而未达成目标的团队教师，也要容许失败，给予过程性评价和鼓励，增强其自信心，使他们的积极性和创造性持续地保持和发扬下去。对于目标实施过程中由于自身懈怠或不及时调整方法而导致的目标未达成，也要有惩罚机制，比如批评、不予评优、任务转交他人等。个人绩效与团队目标相关联，增强教学团队内的危机意识，正确诱导团队教师的工作态度和工作动机，充分体现出目标管理的正向与反向激励作用。

教学团队的目标管理是一个不间断、反复出现的循环过程,每一次循环都是在前一循环的基础上提出更高、更新的目标体系,在新一级循环的目标管理活动中有更新的内容,从而使教学团队的管理活动达到更高水平。当然,针对教学团队的目标管理还涉及团队外上一级的外部管理,即对团队的绩效管理,其更侧重于教学团队整体绩效的管理和评价,将在第六章进行阐述。

第二节 教学团队带头人领导力的建设

应用型本科院校优秀教学团队带头人的领导力,是指其引领团队教师探索未知领域,完成团队目标的能力。把教学团队带头人的领导力建设放在前面介绍,是因为在团队建设和管理的每一个环节都少不了团队带头人,他(她)们在团队中起委任工作、激励下属、控制过程等作用,其领导力如何也直接决定着团队发展的每个历程。作为应用型本科院校的教学团队带头人,大多是教学效果优秀且具有较高专业技术能力的一线教师,之前不一定从事管理工作,也不一定拥有正式的行政职位和权力,他所领导的团队成员可能只是行政上平级的同事,所以在被任命为带头人后管理能力的提高、自身领导力的建设尤为重要。我们知道,管理是一门学问,也是一门艺术,不像科学研究只关注专业内容的钻研,还必须进行相关的学习和修炼,掌握一定的方法和技巧,才能号召凝聚整个教学团队向着共同的目标进发。

一、要明确教学团队带头人的工作内容和权责

由于教学团队带头人只是领导和管理一个小型团队,而非整个院系或学校,他(她)们在工作中仍然需要直接参与教学科研等各环节,所以这个带头人并不是简单的只管理别人,而是必须同时扮演"选手和教练"的角色,既管理自己又管理他人。同时,这也可能是带头人第一次从事管理工作,在成为某个教学团队带头人之前,他(她)仅需关注自己的个人教学工作,但成为带头人之后则需要协调整个团队的工作业绩,关注(影响)其他教师的工作状况,通过协调、指导等手段把教学团队内高度自主的教师个体打造成一支紧密结合的高素质、

高绩效队伍。

首先，教学团队带头人要转变角色，明确自身要承担的责任和工作内容。应用型本科优秀教学团队带头人应该定位为管理型，而非行政型。所以，其主要技能应当是通过自身的影响力和团队管理技能，提升教学团队教师的奉献精神、协作能力和工作动力，这也是教学团队带头人管理工作的主要检验标准。在开始团队工作之前，教学团队带头人需要与上级领导一起向团队成员宣布团队成立的合法性，明确一些官方权力和工作范围等。主要有以下内容：

（1）公开表态，宣布某教学团队的成立级别（系、院、校、省、国家级别），为谁负责（主管部门是谁），让大家都知道教学团队和团队带头人，鼓励教师们支持团队建设，站在同一战线。

（2）教学团队的资源支持有哪些，如办公地点、政策倾斜、软硬件保障、制度优先等，让教学团队成员做到心中有数，有信心，有依靠。

（3）确定教学团队带头人的权责范围，让团队教师清楚有配合其完成相关工作的义务。通常包括但不限于下面几条：

① 团队带头人协同团队教师一起制定团队各级目标，其核心工作是规划团队工作，并监督指导目标计划的实施，确保每一个团队教师都能切实执行事先沟通好的工作计划。

② 分配任务，并制定岗位职责。确保每个团队教师都承认带头人，可以号令团队成员，承担分配的工作并承诺完成。

③ 打造团队精神，营造团队氛围，提升团队活力和凝聚力。

④ 推动团队的合作。

⑤ 促进团队有效沟通，处理团队冲突，扫除团队障碍，帮助团队教师解决问题，降低他们达成目标的难度。

⑥ 利用各种有效措施，激励团队教师的积极性和创新性。

⑦ 上传下达，做传声板，帮助团队教师捋清问题。

⑧ 有指导教师团员的权利。特别是在团队教师自律未果时，充当他律鞭策，监督团队教师并帮助他们履行承诺，完成工作计划（许多教学团队之所以失败，就是花费相当多的时间和精力对工作进行计划，但没有后续跟进，计划的实施就无从谈起，往往只是纸上谈兵、画饼充饥）。

⑨ 管理教学团队时公开、公平、公正，标准"执法"。

⑩ 对团队教师在共同工作中的个人表现进行目标考核和评价。

⑪ 明确带头人履行领导职责的时间。允许教学团队带头人为管理工作投入时间,给"管理性时间"导致的个人绩效下滑和占用休息时间给予应有的待遇,进行"兜底保护"。如果因为转换角色造成带头人牺牲个人工作和休息时间而导致个人绩效成果减少和待遇受损的话,他(她)们很可能就不愿意为教学团队事务投入太多的时间,不能把团队利益放在个人利益之上,导致整个团队管理混乱,发展受阻。除在最初的团队创建期需要花费大量时间外,团队目标、计划和规章制度完成后,教学团队带头人的管理时间会相对稳定,绝大多数管理用时会花在和团队教师一对一的沟通交流上,包括指导、协调、激励、帮助、推动等。此时,好的解决方法是给教学团队带头人设定管理最少用时和最多用时(比如每周不少于 5 小时,不多于 14 小时)。

⑫ 教学团队带头人的薪酬福利。在薪酬福利方面,很多学校会效仿教研室主任待遇,给教学团队带头人固定津贴,而我们认为教学团队带头人不应该获得这部分"职务工资"。因为如果教学团队带头人存在"职务工资",那么团队成员很可能会觉得带头人并没有做到完全与职位工资对等,甚至认为其什么都没有做而坐享其成;而教学团队带头人也会相反地觉得自己做得更多,超出职位工资,没有得到足够的认可。双方都存在不满,就会对教学团队的信任、协作关系造成重大破坏。所以,对于教学团队带头人应当因为他们对教学团队的贡献——提升了整个团队的绩效而获得相应的薪酬福利,而不应该仅仅因为他(她)是带头人就自动获得这部分报酬。

二、教学团队带头人基本管理素质的修炼

教学团队带头人基本管理素质主要包括其人格素质、精神素质、道德素质、健康素质、文化素质等,这些管理素质,与教学团队带头人自身的专业知识和学术水平无关,是其社交能力和管理能力的体现,是一种无形的领导魅力,除了自身天然性格以外,还可以通过学习和培养慢慢积累。

1. 人格素质

人格素质主要指人的性格、做事风格、宽容、平等和民主精神,人权和公民意识等。这些人格素质对教学团队带头人在管理团队事务时起着决定性的作

用。比如是否能广开言路、博采众长,是否任劳任怨、脚踏实地,是否和蔼可亲、平易近人,是否容易沟通、将心比心,是否一视同仁、公平公正,是否尊重和关心团队成员,是否以团队的利益为重、廉洁奉公等。如果是肯定的答案,那么这个教学团队带头人对团队的影响是正面的,会迅速得到其他团队教师的信任和拥护,团队各项工作的开展也会顺利。相反,如果教学团队带头人做事独断专行、居高临下、偏袒、狭隘、自私、在团队中谋求个人利益,那么将会增大其他团队成员的不信任感,工作难以服众,团队凝聚力低,工作氛围差,甚至团队教师会不愿意与他(她)一起共事,退出教学团队等。

教学团队带头人的人格素质培养的方法:①正确认识自身的角色,提高沟通水平,尝试和训练各种沟通技巧。②学会换位思考与倾听,与团队教师一起对团队事务进行商讨和决策。③改变思维方式,诚实,严于律己,宽以待人。④提升人际交往能力,与人交流和互动时做到诚心诚意、掏心掏肺,真正做到为了团队成员的成就感到骄傲,而不是嫉妒或霸占他人的成功果实。⑤能以教学团队成员的最大利益作为提出建议的出发点,支持、帮助团队教师达成个人与团队目标,实现共赢。⑥按章办事,不偏不倚,对事不对人,公平公正无私奉献。⑦以身作则,身先士卒。给教学团队的其他教师成员树立好榜样,在工作中认真负责、踏实肯干、兢兢业业,不达目的誓不罢休。这样的品质自然会得到其他团队教师的拥护和效仿,使带头人的目标转化成团队教师共同的目标,并努力为之奋斗。⑧有担当,敢于承认错误。当出现问题时,教学团队带头人要勇于承担责任,而不是将时间浪费在推卸责任上,以积极的态度寻找解决的办法,避免引起不良连锁反应。

2. 精神素质

精神素质是指人的精神面貌、使命感和思维状况等。使命是教学团队的总目标,教学团队带头人对这个总目标以及自己的工作有担当、有责任心、有荣誉感,愿意为这个使命无私奉献,积极向上,这就是使命感。而在带领整个教学团队前进的过程中,教学团队带头人如果能始终保持理性而又积极的人生态度,充满朝气,不怕困难,坚韧不拔,并且具有开阔的视野和胸怀,拥有奋发向上的精神面貌,是感染教学团队队员,形成团队精神的有效方法。同时,教学团队带头人思维要活跃,思想要先进不落后,敢于创新,勇于尝试,给教学团队的发展提供前进的方向。敢于理性地正视失败或者认识成功,有强大的心理素质和正面的精神状态,承认失败,在失败中探索成功之道,都需要强大的精神素质。

教学团队带头人的精神素质培养包括:①觉悟的提高。能真正认识到带头人岗位的重要性,把带领团队实现共同愿景作为自己重要目标和实现人生价值的重要过程,从心底迸发出使命感,而不是被动地接受上级的任命。②学会解决不同困难,无论是工作上还是团队成员的关系处理,或者是团队外环境变化所引起的各种困难,要通过培训和实践,不怕困难,学会面对和解决。③正视成功和失败,做到荣辱不惊。成功时,能理性面对并保持斗志;失败时,更能吸取教训、调整策略,反败为胜。④对事对人避免情绪化,保持阳光、积极的心态,多引导新思路、新方法的诞生,少抱怨,不抱怨,为团队成员营造宽松、和谐的工作氛围。

3. 道德素质

道德素质是指人的道德品质,如爱心、同情心、诚信等,是一个好的教学团队带头人最基本的做人素质,也是应用型本科院校师德师风建设的重要部分。这些道德素质,体现在日常的生活、工作、待人接物等诸多方面,是教学团队带头人树立形象和威信的重要内容。拥有爱心和同情心,可以让其做事更有人情味,能经常站在不同的角度指导和帮助团队教师;拥有高尚的师德,可以赢得更多的尊重,在学生、同事和社会上获得更高的声誉;拥有诚信,可以让团队教师更信任,更愿意听从带头人的工作安排,相互配合,达成各级目标。

教学团队带头人道德素质培养的方法包括:①多关心团队成员。经常交流工作和生活中的问题,用实际行动慰问、帮助解决问题,让团队教师感受到温暖和亲密感。②言必行,行必果。计划的工作或答应的事不推诿、不欺骗,保质保量完成,做好榜样和带头作用,打造团队中诚实互信的协作氛围。③有教师职业道德。在教学工作中不能跨越道德红线,如教学中要敬业,上好每一堂课,不能为了赚外快而懈怠本职工作;爱护学生,为学生的成长、成才保驾护航,切实做好培养工作;与学生的相处温暖但有距离,不以职务之便牟利,或私下与学生保持亲密暧昧关系等。

教学团队带头人不忘初心,切实做好立德树人、教书育人的本职工作,不管是对自身综合素质的提高,还是在团队中威信和影响力的树立,都是必不可少的。

4. 健康素质

健康素质是指人的身体、心理健康,以及社会适应能力等。教学团队带头人的角色决定了其必须承担团队的管理责任,随之而来的是工作量和工作强度的加剧,压力倍增,这就需要带头人不仅要有健康的身体,更要有健康的心理和好的社会适应能力。身体是否强壮时刻影响着教学团队带头人的工作态度,不仅会影响带头人自己一个人的精神状态、情绪、思维和行为等方面,还会波及旁人,形成或活力或颓废的工作氛围。所以,身体健康是教学团队带头人精神饱满、保持良好工作状态的基础。心理健康则是在教学团队带头人面临各种压力时必须具备的健康素质,能顶住压力,带领团队成员齐心协力不断前进的另一保障。

社会适应能力是身心健康问题的另一个方面。新的时代有新的挑战,要求现代教学团队带头人能够适应社会的发展变化,坦然面对危急和困难。生活和工作的节奏加快、压力加重,使得许多领导人一直处于高度紧张状态之下,无论是身体还是心理上都很容易出现健康问题,快速调整自身状态适应外部环境是一项重要能力。比如,当前国家正大力发展应用型分类教育,有一半高校将转型为应用型本科。在转型期,教学团队带头人是否能快速适应,找准自己教学团队新的定位和发展方向尤为重要。如果还是沉浸在固有的研究型或职业技术型,那么教学团队的发展将不能适应教育环境需求,工作也将处处碰壁,实现应用型人才的培养目标也会成为奢望。

教学团队带头人健康素质培养的方法包括:①时刻关注自己的身体和心理健康,并有计划地进行锻炼和磨炼,培养强健的体魄和强大的心理承受能力。②居安思危,培养危机意识。在日常工作中就要先一步设想有可能会出现的各种困难和问题,并制定出相应的解决办法和处理措施。当危机真正来临时,才能有强大的心理素质,镇定自若,从容面对。③多学习,时刻把握社会和行业的发展动态。当教学团队所在行业出现了新政策、新规范、新产品、新技术、新材料、新方法时,团队带头人要及时更新相关知识,并逐步应用于团队工作中,使教学团队的工作始终与社会和行业并行,更易于工作的开展和目标的实现。

5. 文化素质

文化素质是指人的综合知识素养,既包括人们接受的各种教育和综合知识水平,也包含对事物的认识水平和学习能力。

通常,大家对教学团队带头人的学历学位和职称等级会表现出极大的兴趣,会片面认为学历学位高、职称高就是文化素质高。但实际上,一个人的受教育程度不能只看其接受国民教育的背景,还应该包括各种职业教育和培训及其工作和阅历等许多方面。其中文化素质的高低,除了理论知识和专业技能外,对事物的认识水平和学习能力也是带头人文化素质的综合反映。对事物的认知水平,即教学团队带头人是否具有宽广、深厚的文化素养,懂得宽容、接受和继承的重要性,能够充分认识团队的文化对团队绩效的巨大作用,并且懂得利用这种力量推动团队发展。学习能力,是指学习的方法和技巧,是所有能力的基础。教学团队带头人拥有好的学习能力,才能不断提高自身的理论知识、专业技能、管理能力,并带领团队走上学习型团队的建设之路。

教学团队带头人文化素质培养的方法包括:①提高对事物的认知水平,懂得包容和消化团队中所有积极的或消极的因素,在平稳和谐的发展过程中取其精华,去其糟粕。②提升学习能力。找到适合自己的学习方式,通过各种形式(向书本学习、向其他带头人学习、向某个教师学习、参加培训、调研交流等)随时随地进行学习,以提高自身整体文化素质水平。

三、教学团队带头人领导力建设

"人"——团队中的教师,是应用型本科院校优秀教学团队的重要组成部分,也是管理工作涉及最多的内容,所以教学团队带头人领导力的建设必须解决好"用人"的问题。除了用规章制度规范团队中教师的行为以外,还要注意岗位匹配、用人所长、善用激励和学会倾听等。

1. 规则明确,纪律严明

俗话说"没有规矩,不成方圆"。应用型本科院校优秀教学团队必须有明确的各项规章制度,这些规章制度在教学团队带头人的组织下,由团队所有教师一起制定并同意执行,要形成书面文件。一旦制定,全体成员都必须按照规章制度办事,此时教学团队带头人要充当纪律的监督者、奖励者或惩罚者的角色,

应用型本科院校优秀教学团队建设与管理

对完成目标任务出色的教师按条例进行奖励,对违反制度的教师进行惩罚。这里的惩罚主要是针对不听从指挥、不愿意合作或不遵守制度等行为,而经过努力没有完成目标的行为不在惩罚范围之内。惩罚的方式要人性化,以不伤害自尊心和积极性为前提,但又需要有一定的效果。比如教学团队例会时迟到的教师,被罚做会议记录,并且整理后分发给其他教师;带头人分配了任务,却唯唯诺诺不想接受,或者即便接受也不认真执行的教师,可以先口头提醒和督促,如果仍然没有改善则终止其相应工作转交他人,类似运动员被禁赛一样规定一段时间内不允许其参与团队工作等。但这些措施都必须是在有明确规定的基础上进行。教学团队带头人执法严明、有章可循,不仅能规范团队成员的行为,而且有利于形成威信和拥护,更有号召力。

2. 岗位匹配,注重优势互补

"好钢用在刀刃上",优秀高效的教学团队需要让每一位团队成员的才能与角色相匹配,利用其长处和优势,让合适的人在合适的岗位发挥最大的效能。

首先,教学团队带头人给每个工作岗位所安排的教师应该是有能力履行其岗位职责的。有的教师擅长讲课,有的教师擅长研究,有的教师擅长动手操作,有的教师资源丰富,有的教师善于和外界打交道,有的教师细心,有的教师能同学生打成一片,那么在完成某个目标时,就要选择合适的教师去实施。比如"建筑专业基础"应用型教学团队在建设时,要组成一个分团队组织并指导学生参加全国先进成图大赛,包括大赛组织、宣传、指导等环节,那么就需要选择教学团队中相应的教师来完成。A 老师对竞赛立项、结题、费用报销等非常熟悉,由其担任组织工作;B 老师平时工作中与学生联系较多,由其负责宣传报名工作;C 老师和 D 老师是制图老师,担任竞赛内容指导就顺理成章。安排这四位老师以短期目标为任务组成一个分团队,发挥各自特长,优势互补,第一年参加全国大赛便收获了一等奖的好成绩。

其次,教学团队带头人要学会培养适合团队需求的成员。应用型本科院校优秀教学团队建设过程中,会不断遭遇各种预先未知的挑战,随时需要解决发展性问题。如果此时教学团队中教师均未经历过,或者都没有相关的知识技能,带头人则必须及时培养适合团队需求的成员以应对挑战。比如"建筑专业基础"应用型教学团队在建设时,由于建筑信息模型 BIM(Building Information

Modeling)技术的快速发展,被广泛应用于建筑工程设计、建造和管理的各个环节,不管是建设单位、设计单位还是施工单位,都急需大量掌握BIM技术的专业人才。作为应用型本科院校,建筑工程专业将BIM纳入培养计划的课程体系中是大势所趋。此时,教学团队带头人充分与学院沟通,在计算机辅助制图实训课程中补充BIM实训内容。但新的问题是团队教师中精通BIM的几乎没有,教学能力达不到开课标准。所以,教学团队带头人根据团队内教师的特点,重点安排三位教师进行专门的BIM培训、慕课学习以及BIM技术公司对接等方式,快速有效地将课程改革所需师资培养出来,保证了教学团队工作的稳步进行。

最后,教学团队带头人要敢于启用比自己强的人。俗话说"闻道有先后,术业有专攻",再厉害的教学团队带头人也不可能拥有所有才能,他(她)一定要学会利用他人的智慧、能力为教学团队服务。要乐于用比自己强的教师,克服自私、妒贤嫉能的心理,发自内心地支持团队教师各尽其才,站在他们身边支持和鼓励他们取得成功,向着教学团队共同的目标进发,这也是教学团队带头人的重大业绩之一。

3. 善用激励

教学团队管理与激励是密切相关的,教学团队带头人不能常常以自己的任劳任怨和无私奉献来要求其他团队教师。虽然教师作为特殊职业总是被强调奉献,但不可否认的是,教师作为社会人也会有各种需求,必须在管理过程中施以适当的激励,如物质激励、精神激励、关怀激励、个人发展激励,甚至是反向激励。激励的出发点是满足教学团队成员的各种需要,激励的目的是为了使教学团队成员形成工作动力,也就是人们常说的调动积极性,因而对于教学团队的工作来说是不可或缺的重要内容。但教学团队教师的需要各式各样、因人而异、因时而异,并且只有满足最迫切需要(主导需要)的措施,其效用才高,其激励强度才大。因此,教学团队带头人必须深入地进行调查研究,不断了解团队教师的需求层次和需求结构的变化趋势,有针对性地采取激励措施,才能收到实效。

其次,激励一定要有行动。应用型本科院校优秀教学团队要有适合自己团队的激励制度,且激励制度应具有可持续性,随着执行过程不断发展和修订。

重要的是,教学团队带头人作为激励制度的执行者,能否真正行动起来,正确执行并让激励制度的承诺得到兑现。如果团队教师取得了某些成果,达成了某项目标,却不能得到期待的激励,将会大大打击团队教师的积极性,进而对团队带头人和整个团队失去信心。而失去了实际行动的激励制度也将形同虚设,影响整个教学团队的发展动力。

另外,激励还有一个公平问题。比如,做相似的备课工作,有的教师爱岗敬业、脚踏实地、教案丰富详实、课件生动有趣,而有的教师只做表面工作、教案潦草应付、课件平淡无华浮夸不实,可是两位教师同样都在上课,很难评判出优劣。此时,激励要显示公平原则,就要有一个合理的评价措施,包括经常性的跟踪记录、讲课效果和师生评价等,让真正的好教师得到奖励,吸引、激励其他教师向优秀靠近,也才真正体现激励的作用。

4. 积极倾听,建立融洽关系

在《可信赖的顾问》一书中曾列出了一系列倾听客户诉求的良好习惯,把这些清单中的内容用于教学团队带头人身上,用于指导其学会倾听同样适用。比如:

(1) 用提问来澄清现状。

(2) 倾听不发声的情绪。

(3) 倾听整个故事。

(4) 会总结。

(5) 能共情。

(6) 听出不同的地方,而非习以为常的地方。

(7) 严肃对待所有问题(不要说"你不应该担心这个")。

(8) 准确定位隐藏的前提假设。

(9) 让对方"现在发泄出来",以免日后继续累积。

(10) 问对方:"你觉得××事怎么样?"

(11) 让对方一直倾诉("你还想说点什么")。

(12) 持续询问细节问题,搞清状况。

(13) 倾听时不分心。

(14) 首先集中关注对方的说法。

(15) 让对方用自己的方式讲自己的故事。

(16) 倾听时站在对方的立场上。

(17) 问对方自己如何能够帮忙。

(18) 在阐述自己想法之前问对方是怎么想的。

(19) 对方说话时看着对方,而非盯着对方。

(20) 找出对方说的话和手势、姿势之间的"相位一致性"(或不一致性)。

(21) 让对方觉得自己是世上唯一重要的,你有大量时间来听他倾诉。

(22) 点头或微笑,以示鼓励。

(23) 克制身体动作(不到处走,不抖腿,不摆弄回形针)。

当每一个教学团队带头人看到这些问题时,对照自己能做到多少条呢?或者你的团队成员认为你能做到多少呢?或许差别会比较小,或许教学团队带头人只是自我感觉良好罢了。

积极倾听是教学团队带头人必须具备的一种领导能力,要求必须能够接收到、准确分析和定位、精准回应教学团队教师的感情表达,促成卓有成效的交流。此时,教学团队成员会感到自己被理解,能打破管理者与被管理者直接的界限,更自由地表达自己的观点和感受,减少对抗行为,增加对团队带头人的信任,促进彼此建立融洽的关系。一般来说,当教学团队成员能将个人观点畅所欲言时更容易达成共识;不满情绪说出来时,也更容易消除误会。

例如有一天某位团队教师找到教学团队带头人,诉说课程试题库建设过程中有很多困难,如系统操作很烦琐、题目录入工作量大、心情糟糕等,此时教学团队带头人要先安抚当事教师的情绪,让座、倒水、开一句无伤大雅的玩笑,然后坐下来交流。①通过问题,鼓励对话。比如你能把这个问题再详细说一下吗?你有什么更好的解决方法吗?②有目的、有意识地认真倾听,尝试理解团队教师的感受或者传递的信息,对现状、问题或要求做书面记录。比如,"你说得很对,这个系统确实不太人性化!""希望在系统中增加一个直接导入题目的功能。"……③将自己对团队成员倾诉内容的理解进行复述,并得到肯定的答复,以免产生理解偏差。比如,"我这样理解对吧?""如果我理解的没错的话,我们一起讨论一下解决办法。"④给出解决的方案和具体时间。比如,"我马上联系教务处,请试题库的技术人员看看怎么解决这个问题,最迟今天下班前给你答复。"相信有了这一系列的倾听与交流,这位团队教师一定是面带微笑满意地

应用型本科院校优秀教学团队建设与管理

离开。

教学团队带头人在制定目标、决策前要学会倾听团队成员的意见和建议,广开言路,畅所欲言,避免独断专行,让教学团队教师感受到团队的民主、平等和自由,对教学团队的所有事务都有参与的积极性,对教学团队的发展都有高度的责任心,这样才能形成高凝聚力的团队精神。

第三节　制定教学团队的规章制度

一、无规矩不成方圆

有七个和尚住在一起,每天共喝一桶粥。由于僧多粥少,难以满足每个人都吃饱的要求,怎么分配这桶粥就成了一个令人头疼的问题。

最初,他们商量确定轮流分粥,每人轮流一天。结果每周下来,他们只有一天是吃饱的,就是自己分粥的那一天,负责分粥的和尚会为自己多分一些粥。

大家对这种办法不满意,于是推选出一个公认的道德高尚的和尚负责分粥。权力导致腐败,大家开始挖空心思去讨好他、贿赂他,最终搞得乌烟瘴气。

大家对这种办法也不满意,经商量后组成三人的分粥委员会及四人的评价委员会,结果每天互相攻击,吵翻天,扯起皮来,粥吃到嘴里全是凉的。

最后,大家又确定了一个方法:轮流分粥,但分粥的人要等其他人都挑完后吃剩下的最后一碗。结果为了不让自己吃到最少的,每个负责分粥的和尚都尽量分得平均,就算不平均也只能自己认了。此后,几个和尚再也没有争吵过。

上述这个"和尚分粥"的故事非常形象地揭示了不同的团队制度会产生截然不同的结果,制度的重要性也不言而喻。当然,在教学团队的实际工作中,想要一下子就建立一个完美的制度绝不会像故事中说的那么容易,而且不同的教学团队不同时期制度也有其局限性和适应性,所以各项制度的建立一定是漫长的,需要不断改进和完善的。一般在应用型本科院校教学团队创建时就应具备一些制度,运用制度来管理。同时,在管理中发现弊端并修正,以保证这些制度不成为教学团队发展的阻碍。比如在"建筑专业基础"应用型教学团队建设中,通过实践制定了《教学团队章程》《教学团队工作制度》《教学团队岗位职责》《教学团队会议制度》《教学团队沟通制度》《教学团队激励制度》《教学团队绩效考核制度》等一系列制度,用于规范团队所有成员的行为,并为教学团队的运行提供依据和保障。在制定各项制度时,最重要的是要让所有团队成员都参与讨论和决定,并能承诺按照制度规定执行。

二、教学团队章程

教学团队章程是教学团队的规程和办事规则的法规文书,是教学团队的根本性规章制度,一般由教学团队名称、性质、目标、人员构成、权利义务、活动规则、纪律措施等组成。下面是"建筑专业基础"应用型教学团队的章程,以此为总章,后续衍生出一系列细化的规章制度。

"建筑专业基础"应用型教学团队章程

第一章　总则

第一条　教学团队名称

"建筑专业基础"应用型教学团队。

第二条　教学团队性质

教学团队为院级优秀教学团队,团队所有成员均来自建筑工程学院各系和实验室。其中,教学团队带头人由学院领导选任,教学团队成员由教学团队带头人负责选任。

第三条　教学团队目标

以建筑工程专业基础课程群为域,结合课程间的关联与持续性、技能互补、共同协作,提高团队教师的教学水平和教育教学质量。

第四条　教学团队文化

本教学团队定位于"立德树人、和谐合作、民主平等、创新专业"的团队文化,在这个定位下,团队成员发挥各自优势,共同为团队的目标而努力。

第二章　分则

第五条　教学团队成员构成

教学团队带头人:赵＊＊;团队成员:何＊＊、张＊＊、余＊＊、王＊＊、肖＊＊、喻＊＊、胡＊＊、尚＊＊、李＊＊、牛＊＊、章＊＊、宋＊＊、周＊＊(教学秘书)。

第六条　教学团队权责

本教学团队由带头人管理,向建筑工程学院负责。团队带头人主要负责目标和计划制定、分配任务与协调,以及对团队成员的监督和考核等;各成员共同协助带头人规划和实施,并承诺完成相应的任务。各级各项目标、任务、决策一律由教学团队成员共同决定其可行性、实施方法等,并共同努力保质保量完成。

第七条　教学团队经费

本教学团队经费由学院划拨,用于教学团队建设过程中的各项必要性支出和奖励,需遵循南京工程学院和建筑工程学院的报销制度,由教学团队带头人和学院分管教学院长共同签字后使用,经费明细需定期向所有团队成员公示并接受监督。

第三章　团队管理制度

第八条　教学团队工作制度

本教学团队采用柔性工作制度。团队教师可以根据目标不同,自主地选择工作的具体时间和方式,由教学团队带头人负责对团队成员的各项目标和任务进行阶段性审查,以便及时督促、指导团队成员完成目标。

第九条　教学团队会议制度

教学团队定期召开会议,根据议程不同由团队成员轮流担当主持人,要求符合教学团队会议制度的各项规定。

第十条　教学团队沟通制度

教学团队沟通制度由所有成员共同制定,保证团队内纵横向交流渠道畅通,交流方式方法得当,尽量做到有效沟通。

第十一条　教学团队激励制度

教学团队激励制度由所有成员共同制定,由教学团队带头人负责执行。执行各项激励措施要严格依据激励制度条款,公平公正公开,以提高团队成员的积极性。

第十二条　教学团队绩效考核制度

教学团队绩效考核制度由所有成员共同制定,由团队成员自评、互评、教学团队带头人评价和考评小组评议四部分组成。

三、教学团队工作制度

教学团队建设总是阻碍重重,很多时候是因为团队成员之间没有就团队一起工作达成明确和公开的共识。我们发现,虽然已经组成教学团队,但相当多教学团队的现状仍然是每个成员保持着各自的做事方式,成员之间没有讨论过彼此之间应当协作、如何协作、如何承担责任等问题,更不要说达成共识。许多所谓的教学团队只是把一群教师放在一起,用比较隐蔽的方式各自为政,达到一己之利,而团队成果也仅仅是将团队成员的个人成果堆砌在一起,并没有任何团队的氛围和共同工作、追求共同愿景的行为。

此时,建立鼓舞人心的工作制度,在团队成员之间激发高度的工作热情,鼓励信息、观点、决策、成果的共享,创造更高的团队事务参与度和归属感,是势在必行的。教学团队的工作制度内容通常包括工作原则、工作方法、工作时间、工作纪律等。

好的教学团队工作制度一般有以下特点:

(1) 内容要具体。工作制度中对团队成员的行为规则不能太笼统,要具体定义某种行为可以做或不可以做,以便落实和执行。比如"尊重其他团队成员"的条款,听起来很好,但具体怎么尊重却不好把握。此时若把条款具体为:"轮流发表意见,每次只有一人发言,其他人必须在其讲完后再做回应。同时在他人发言时要注意倾听,不私下说小话。"这样对尊重行为的规定变得清晰明确,易于把握。

(2) 所有团队成员要达成共识。教学团队的所有成员都必须参与到制定团队工作制度中来,要全部人员同意,而不是大多数人同意,或采用少数服从多数的政策制定工作制度。只有所有团队成员都达成共识,才能真正支持和服从工作制度,在违反相关规定时才能直面以对。

(3) 规定要看得见。通常人们会更在乎或更重视书面规定或视野范围内可见的规定,教学团队要确保所有团队成员都有一份书面的团队工作制度文本,在工作场所也要随时可以展示,甚至在会议讨论或奖惩时直接引用规定条文。

(4) 违规处理不能缺。如果在工作制度中只规定了做什么、怎么做,而对不按规则行动的行为没有相应处理或纠正,那么其他人很快也会加入违规行列。

首先,违规的行为要能被发现,教学团队应该鼓励成员对违反原则的事情及时提出来:"我们之前不是已经都同意事情……做了吗?你这样做好像不对!"其次是要有具体的处理措施。处理结果一般不用惩罚性过强,只要达到提醒团队成员知道工作纪律很重要即可,通常是与激励措施中的反向激励相结合,采用较温和的手段,达到激励的效果。

下面是"建筑专业基础"应用型教学团队的工作制度,其制定过程主要分为四个步骤:①教学团队带头人根据团队章程起草教学团队工作制度;②教学团队带头人与上级领导及其他与团队关系密切的人一起审议草拟出来的工作制度;③教学团队带头人在团队成立召开会议时,协同大家一起商讨、辩论和修改;④对教学团队工作制度达成共识,并印刷成文本发放给所有团队教师。

"建筑专业基础"应用型教学团队工作制度

"建筑专业基础"应用型教学团队工作制度由教学团队所有教师共同制定,自颁布之日起,请遵照以下条款执行。

1. 教学团队的所有工作由教学团队带头人和所有团队成员一起讨论、商议并做出决定。

2. 团队所有成员都有参与权和知情权,对分配给自己的工作在实施过程中有自主权,有权决定开展工作所采用的方式和方法。

3. 教学团队所有成员都有义务对团队做贡献,要把团队利益置于个人利益之上,积极主动承担分配的任务,并履行好岗位职责。

4. 教学团队成员对接受的工作,要有必要的承诺(签订书面承诺书),并尽力达成承诺。当承诺无法完成时,要如实告知。

5. 教学团队成员之间彼此负责,共同协作。关注团队成员之间彼此的工作联系,不仅为自己,也为团队同事的工作负责,积极提供知识、技术和资源的共享,协助和支持彼此共同完成任务。

6. 相互信任。信任团队和团队成员为共同目标所做的贡献,不猜忌、不背后议论、不诋毁、不做破坏团结的任何事情。

7. 团队成员间要发自内心、诚心诚意地进行交流和沟通,不隐藏、不保留,站在为队友、为团队整体利益的高度,积极发挥自身的最大能力。

8. 理性对待团队成员间的冲突,尽量在公开场合当面发表意见,及时消除误会,将不同意见化作团队发展的有利冲突。

9. 教学团队采用柔性工作制度。由团队成员根据任务选择合适的工作地点和工作时间,但要保证任务在规定时间内保质保量完成。其中教学团队带头人每周用于团队管理的时间不少于 5 小时,不多于 14 小时;团队成员每周用于处理团队工作的时间不少于 5 小时,每周最多工作时长根据任务自行调整。

10. 教学团队例会每周一次,形式可根据实际情况采用面对面或网络会议。

11. 教学团队成员有义务及时参加团队会议,除非有紧急事务(需提前与会议组织者报备,并获得同意)。

12. 阶段性汇报及审查制度。教学团队成员定期(每月 28 日)需向教学团队带头人汇报所做工作的进展情况、阶段性成果、遇到的问题以及下一步计划等,由教学团队带头人根据实际情况进行审查。对于不符合要求的工作及时进行改进,或调整工作计划。

13. 教学团队成员要不断学习和分享新知识、新技能。

14. 教学团队内部非公开性质的事务和资料要注意保密,不与团队外部的人讨论有争议的话题。

15. 对于工作优秀的团队成员或不遵守工作制度的团队成员按照相关的激励措施进行相应的奖惩。

四、教学团队会议制度

经常会听到教师们说很讨厌开会,觉得是在浪费时间,还不如多做一点事来得实在。其实,此刻他们真正想表达的是"讨厌长篇大论、滔滔不绝,却毫无建树的会议"。比如很多教学团队工作会议总是因为某些原因推迟开始或推迟结束;个别团队成员不来开会,或者总是迟到;没有会议议程或纲要;会议内容没有提前告知,讨论议题无准备;会议议题多且杂,讨论无休止,但无结果;团队话语权不对等,总是其中几个人控制话语权,其他人不发表意见;在全部成员达成共识前就轻易下结论;冲突不断等种种现象,相信很多人都遇到过。要改善这些情况,就一定要制定好教学团队的会议制度,让会议成为沟通议事的桥梁。高效的教学团队会议一般需遵循以下原则:

(1) 要明确开会的目的。如进行教学内容研讨、修订教学大纲,还是教研课题开题,抑或是表彰成果。

(2) 要做好会议准备。包括列举会议的议程,确定时间、地点和参加人员,并准备好各种资料和道具,及时做好会议记录等。

(3) 要有严明的会议纪律,能列举出会议中必须遵守的行为规范。

下面是"建筑专业基础"应用型教学团队的会议制度。

"建筑专业基础"应用型教学团队会议制度

"建筑专业基础"应用型教学团队会议制度经所有成员讨论并一致通过,自印发之日起生效。如有故意违反者,将给予绩效考核中会议指标相应的扣分或降级,并在团队例会中通报批评。

1. 每周三下午召开教学团队例会。会议议程由团队成员提前两周安排计划报至教学团队教学秘书处,由团队教学秘书根据顺序安排每周例会时间和场地,并通知所有成员。

2. 在会议当周的周一,由会议申报教师提供会议需讨论的问题,由教学秘书发给所有团队成员,在会议前做好准备。

3. 确有必要时,团队成员也可临时申请召开团队会议,但需征得所有团队成员的同意,并能协调统一的时间。

4. 教学团队会议可以采用面对面会议、网络群会议或视频会议形式,其中网络群会议仅限QQ工作群。

5. 教学团队每次会议都必须做好会议记录(由团队教学秘书或指定的团队成员完成),且整理成文档后分发给每位成员。

6. 所有团队成员都必须按时参加会议,除非有紧急事务(需提前与会议组织者报备,并获得同意)。

7. 会议采用民主制,坚持平等原则,每位团队成员都有言论自由,针对会议议程有目的地进行商量、研究、辩论等。

8. 开会时要认真投入,尊重主讲人或发言人,不打断、不开小会、不打电话、不改作业、不写教案等,不做与会议无关的事情。

9. 被要求发表个人看法时,要积极主动参与,不回避,不消极。

10. 会议中有不同观点时,就事论事,对事不对人,不出现言语侮辱、人身攻击等不文明现象。

第四节 打造向上的教学团队精神

一、教学团队精神的概念和内涵

精神通常指人的意识、思维活动和一般心理状态。我们经常会形容好的精神状态是"精神抖擞""神采奕奕""朝气蓬勃",或者形容精神不佳时用"无精打采""萎靡不振""垂头丧气"等。对于应用型本科院校优秀教学团队来说,同样会具有团队精神,一般是指教学团队整体的价值观、信念和奋斗意识,是团队成员为了团队的利益和目标而相互协作、共同奋斗的思想意识和作风。这些精神或高昂或低迷、或奋进或懒散,是整个教学团队的灵魂,仿佛一只无形的大手,虽然没有具体的规定,却在掌控着教学团队的走向,每个团队成员都能感受到团队精神的存在和好坏。应用型本科院校优秀教学团队建设中,其团队精神是必不可少的。这种团队精神反映在教学团队成员的工作作风上,一般表现为教学团队内部的凝聚力、相互信任感、协作观念、奉献意识和团队士气等方面。

团队精神是教学团队文化不可缺少的一部分,是团队不断前进的源动力。教学团队文化将在第五章第四节具体阐述。

二、教学团队的凝聚力

1. 教学团队凝聚力的概念

教学团队凝聚力,是指教学团队的成员围绕在团队中,尽心于团队全部事务的一种力量。教学团队凝聚力一般包含教学团队对其成员的吸引力、教学团队成员对团队的向心力,以及团队成员之间的相互作用和相互信任等内容,具体表现为教学团队成员思维中所具有的团队意识,如归属意识、亲和意识、责任意识和自豪意识等。所以,具有高凝聚力的优秀教学团队通常都有以下特征:团队成员归属感强,愿意参加教学团队的各项活动并承担教学团队工作中的相关任务和责任,自觉维护教学团队的利益和荣誉,追求个人目标与团队目标的高度统一;团队成员之间互相了解,信任度高,信息沟通快,关系融洽和谐,并具有民主气氛。

2. 教学团队凝聚力的影响因素

由于教学团队存在于学校组织的大环境中,其凝聚力的强弱会受到多种因素的影响,包括外部因素和内部因素两个方面。

(1) 影响教学团队凝聚力的外部因素主要是当团队受到外部竞争或威胁时,团队成员都会团结起来一致对外,而使团队成员间的关系变得密切,团队的凝聚力相应增强。比如学院评优时,教学团队成员更倾向于推选自己团队内部的教师,而排斥团队外的教师。

(2) 影响教学团队凝聚力的内部因素种类较多,主要包括团队规模的大小、团队目标与个人目标的一致性、团队任务的难易程度、团队激励方式和团队之前的成功经历等。一般来说,教学团队规模越大,凝聚力相应就会越小;教学团队的目标与个人的目标一致时,凝聚力就会增强;教学团队任务具有一定挑战性并经过努力可达到时,会有高的凝聚力;激励的方式是以团队为单位时,可以得到个人利益和团队利益的高度统一,提高团队的凝聚力;教学团队以往有成功的表现或极高的美誉度,则更容易建立起团队合作精神。

3. 提高教学团队凝聚力的方法

(1) 将教学团队的规模控制在 5~15 人之间。

(2) 考虑教学团队成员的真正需求,将个人利益和团队目标联系起来,使团队目标更具有吸引力和号召力,能让团队成员团结在一起为目标的达成而努力。如团队内某位教师有评职称需求,他的团队任务就可以偏重于科研课题或参加教学竞赛等,在达成团队目标的同时积累个人的论文和获奖,以满足评职称的相应指标。

(3) 当团队遇到困难时,教学团队带头人要有感召力和协调能力,鼓励团队成员团结一致,同心协力渡过难关。

(4) 采取民主的管理方法,让教学团队成员能最大限度地自愿表达自己的意见和看法,并且参与团队决策,提升团队的凝聚力。

(5) 举办能让教学团队成员一起参加的活动(如一起吃午餐、茶话会、亲子活动等),创造机会让所有团队教师之间加深了解,增进感情,以提升共同工作时的认同感。

(6) 当教学团队成员个人在工作中遇到困难时,在团队内给予安慰和鼓励,帮助其渡过难关，增加其归属感。

三、相互信任感

如何建立一支优秀的应用型教学团队，不同的人会有不同的看法，但几乎所有的人都同意，信任是教学团队成功的重要因素。信任是合作的开始，也是教学团队管理的基础。一个不能相互信任的教学团队，是一支没有凝聚力的团队，也是一支没有战斗力的团队。优秀高效的教学团队一个突出的特点是团队成员之间具有高度的相互信任感，团队成员彼此认同各自的人格特点、工作能力和正直、诚实、负责等品格。信任是合作的基础和前提，互信能够提高团队合作的能力，更容易使大家把注意力集中在工作上而不分心。

所有人都承认信任的重要性，但信任很难定义，更难计量。在日常生活中，我们通常会将自己的信任留给关系亲密的人，如亲人、好朋友，甚至是长期接触的某个人，这些经过时间考验的关系更让我们放心和愿意与他们一起共事。在教学团队中，将彼此独立、同事关系的教师集合在一起，最初大家都会有所保留，保持距离感和类似"相敬如宾"的合作关系。此时，教学团队带头人要帮助团队成员明白彼此之间可以建立信任的行为，通过这样的行为建立一定水平的信任。具体做法如下：

1. 辨别建立教学团队信任关系的具体要素

每个人对信任的感受可能不同，所以，教学团队带头人应开展调查，让团队成员发表意见，表达出自己信任别人的情况和行为有哪些。比如"建筑专业基础"应用型教学团队收集到的团队教师认为可以信任的种类有：

（1）为人正直，诚实。

（2）专业技术水平高，工作能力强，有真才实学。

（3）工作认真负责，做事可靠，承诺的事情总能想办法办到，或者实在办不到也会提前明确告知。

（4）为人和善，愿意维护和保全别人的面子。

（5）愿意分享自己的观点、资料和专业知识，不自私。

（6）能承认自己的缺点和错误。

（7）能广泛听取意见，做事不武断。

(8) 能换位思考,真正站在为他人好的立场,发表同意或反对意见。

(9) 做事光明磊落,当面讨论和解决问题,不背后捣鬼。

2. 制定教学团队成员间可分享的个人行为准则

当收集到所有人对信任关系的要素后,教学团队带头人需要组织专门的会议,大家一起讨论制定适用于教学团队成员间可分享的具体行为准则,鼓励大家进行增强信任的行为,禁止破坏信任的行为。比如"建筑专业基础"应用型教学团队建立的信任准则如下:

(1) 要有教师必备的师德师风,诚实守信,不弄虚作假。

(2) 爱分享。在教学团队内部自愿分享自己所具有的特定信息、才能或工作技能,甚至是团队其他教师有可能不知道的特别的经历、趣事,抑或是自己希望改正或正在努力改正的小缺点等。

(3) 言必信,行必果。不"记忆失灵",不中途改变主意,承诺过的事情要尽力做到。

(4) 如果做不了什么事情,一定要让别人知道,以便提前另做打算。

(5) 工作中如果询问他人意见或接受了别人的帮助,要及时告知最新进展。

(6) 建设性的反对意见。以尊重他人的方式提出反对意见,并给出其他实施的建议或解决方法。

(7) 及时客观地承认自己的错误,并允许他人犯错。

(8) 做决策前,广泛征求相关关系人的意见,并让大家都知道最后结果以及原因。

(9) 如果有冲突,要放在台面上公开解决。对事不对人,以和平的方式处理工作中的争端。

(10) 对团队内所有人一视同仁,不戴有色眼镜看人,不偏袒,不针对,真诚待人。

当教学团队的信任准则建立以后,团队带头人的工作就是鼓励团队教师尽量遵守,以获取他人的信任,然后向他们灌输和展示这种信任如何转化为更强的工作承诺、更大的创造力、更高的职业满意度和更好的团队业绩。

四、协作观念

协作观念是团队精神的内在要求。各自为政、个人英雄主义都会给教学团队的生存带来威胁,教学团队成员只有相互信任、相互依赖、相互帮助、相辅相成才能做到真正意义上的合作,带来团队绩效"1+1＞2"的效果。具体表现在团队教师间相互探讨教学问题、设计教学过程与教学方法,根据自身优势承担相应任务,为他人和团队负责,提供应有的帮助和支持,在共同目标的基础上协调一致,产生整体绩效大于个人绩效之和的协同效益,使各级目标顺利达成。

培养应用型本科院校优秀教学团队好的协作观念,可以从以下几点出发:

1. 在教学团队内鼓励合作

"前进的最佳方式是与别人一道前进!"当现实工作中,个人能力有限、知识技能不全面、资源不充足时,教学团队带头人要不失时机地创造合作机会,鼓励大家共享资源、合作共赢。在分配任务时,做到因才定位,不打压优秀者,不忽视平庸者,消除不必要的工作界限,使每个团队教师都能在团队中找到自己的位置,在各级目标任务中充当接力者并发挥作用,在团队内形成一种互信合作的氛围。

2. 制定教学团队合作的规则

要培养团队成员的合作意识就需要制定团队合作的规则,比如本章第三节所制定的教学团队章程和工作制度等,使教学团队成员的合作有据可依,强制达成合作意愿,以逐渐培养团队教师的合作自觉性。

3. 帮助教学团队成员间建立长久的互动关系

人们更愿意与自己认识并互动过的人一起工作,并且这种互动和沟通越频繁,相互之间通常了解越深,合作越紧密。所以,教学团队要设立有效的交流机制和沟通平台,使团队教师能经常在一起培养这种互动关系。比如与所有人一起讨论团队的规章制度,定时召集所有人一起回顾本周工作,一起餐厅午餐、花时间做人际交流,一起庆祝某个胜利,茶话会、亲子活动、教育信息分享等。实践表明,工作或非工作的互动活动都会增进教学团队教师间的紧密程度,使其在团队工作中更愿意相互合作。

4. 强调长远利益

教学团队带头人要能给团队成员描绘未来的愿景,并让其相信"这个目标我们一定会实现"。这时,合作才会成为可能,团队成员也才会不再计较眼前得失而主动合作以达成愿景。要让教学团队成员习惯说"我们一起做某事",而不是"我想去做某事"。

5. 利用好个人英雄主义

加强团队协作意识和观念的培养,并正确引导教学团队成员充分发挥个人才能是搞好团队合作的两条重要原则。一般而言,在各类教学团队中都会有一种很明显的矛盾,即团队意识和个人英雄主义的矛盾。虽然二者是一对矛盾,但在成功的团队中二者都非常重要,缺一不可。教学团队工作是一项无固定模式,需要充分发挥创造性思维、不断创新的工作,而个人英雄主义的强弱则在一定程度上决定了团队成员的工作主动性和创造性,也在很大程度上影响了团队的整体创新能力和工作质量。个人英雄主义可以发挥团队成员最大的效能,但必须依靠团队他人协作才能完成综合、复杂的任务。所以,正确利用好个人英雄主义才是正道。

五、奉献意识

奉献意识是团队精神的本质属性,特别是社会赋予教师职业的特殊性,也决定了教学团队的团队精神重要的组成部分就是自愿和奉献。

从行为的表层动力看,教学团队精神来源于团队成员的"意愿"。而人的"意愿"原动力都是利己的,人们通常会更关心自身利益。所以,行为目的越是与行为原动力的本质一致,即个人利益与团队利益一致时,团队成员行为的动力就越大,反之则越小。这里的奉献意识,并不是要求教学团队成员不求回报、牺牲个人利益,而是表现为团队成员在自己岗位上的敬业精神,能"主动"为了整体的和谐而甘当配角的道德品质,"自愿"为了团队的利益而投入更多精力和时间。奉献意识还表现在团队教师不仅仅只为了薪水而工作,而是会为了教学团队目标的实现做份额以外的工作,不计较个人得失,从为他人、为团队工作的奉献中找到生命的意义和价值。

六、教学团队士气

所谓教学团队士气,就是教学团队的成员对所在团队事务的态度表现,是团队全体成员的工作热情与工作行为的总和。这种态度可以表现在一个人主动、努力工作的行为中,或高昂或低迷。

美国心理学家克瑞奇认为,士气高昂的优秀团队一般具有以下显著特征:团队的团结来自内部的凝聚力,而非外部的压力;团队本身具有适应外部变化的能力以及处理内部冲突的能力;团队成员对团队具有强烈的归属感,且团队成员之间具有强烈的认同感;团队成员没有分裂为相互敌对的小团体的倾向;团队中每个成员都明确地意识到团队的目标;团队成员对团队的目标及领导者抱肯定和支持的态度;团队成员承认团队存在的价值,并且有维护其团队存在和发展的意向。

1. 影响教学团队士气的因素

影响教学团队士气的因素有对团队目标的认同、激励制度、团队内信息沟通的状况、团队内部的和谐程度、领导者的特质等方面。

2. 教学团队士气提升的方法

(1) 在教学团队成立时,团队带头人要确保团队成员对团队目标的认可,使他们的个人需要和愿景有所体现,以提升团队士气。

(2) 制定合理的教学团队激励制度,并能认真执行,提高团队成员的工作积极性。

(3) 制定有效的教学团队沟通制度,使团队与成员、成员与成员之间都要保持经常性的良好沟通。在沟通中达成共识,进而在行动上一致,最终形成一致的价值观。

(4) 教学团队带头人要努力修炼个人素质和管理能力,自强,自信,民主,公平公正,善于协调团队关系,营造团结向上的团队气氛。

(5) 培养教学团队成员间相互信任、相互尊重和理解,形成和谐、宽松的工作环境,最大限度地激发教学团队的工作热情。

(6) 因才定位。如果教学团队成员分配的工作和岗位适合团队成员的特点和能力专长,那么他们对工作的热情就高,工作更主动,士气也就高。

七、教学团队拓展训练

教学团队拓展训练是打造团队精神常用的训练手段。"建筑专业基础"应用型教学团队就依托南京工程学院素质拓展基地开展了丰富的团队素质拓展活动,通过特别设计的团队拓展训练后,团队成员在诸多方面显著提高。比如能认识自身潜能,增强自信心;克服心理惰性,磨炼战胜困难的毅力;激发想象力和团队创造力,提高团队解决问题的能力;认识团队的作用,增进团队参与意识与责任心;改善人际关系,学会关心,更融洽地进行团队合作等。

1. 意志力和心理训练

本训练是个人训练项目,主要有攀岩、断桥、空中单杠等,目的是训练教学团队成员在面对工作压力和挫折时,提升心理素质,克服恐惧,自我突破,以最终赢取团队工作的胜利。比如"断桥"项目是要求团队成员站在9米高空、30厘米宽的板上,跨过1.2米的距离,对于教学团队大部分教师来说都是非常有挑战性的。有的教师只用几秒钟就能完成;有的教师会犹豫一段时间,尝试多次,才敢迈过断桥;时间最长的用了近1小时才最终迈出这一步;而更甚者直到最后也没能战胜自己的恐惧,只能以失败告终。

2. 团队凝聚力和协作能力训练

本训练是团队集体训练项目,主要采用"过沼泽""毕业墙"和"有轨电车"三个项目分批次开展。其中"过沼泽"是要求教学团队全体成员,在40分钟内,利用三个汽油桶、两块木板,全部通过宽20米的沼泽地;"毕业墙"是要求教学团队成员在不借助任何工具的情况下,全体翻越高为4米的毕业墙;"有轨电车"要求教学团队成员在共同努力下,踩在木板上向前行进30米,而后原路返回,共进行三轮,每轮依次提高难度。这些训练项目必须通过教学团队成员的充分沟通,周密计划,用人之长,容人之短,优势互补,通力合作才能完成,主要用于培养教学团队的协作能力,增加向心力和凝聚力,培育团队精神。

3. 团队沟通和决策能力训练

本训练是团队集体训练项目,主要采用"校园英雄会"和"火阵抢险"两个项目开展。其中"校园英雄会"是根据分发的任务书和场地图,依次到达图上所指各关卡并完成相应任务,最终将每关卡所取得的图板统一拼成拓展培训的指定图案;"火阵抢险"则是要求团队成员在最短时间内,按顺序将1~30个数字飞碟拍一遍。这些训练项目除了需要团队全力合作外,还需要发挥团队带头人的领导作用和群体决策能力,合理安排人力资源,寻求解决问题的科学方法,是培育团队精神的有力支撑。

4. 团队信任关系训练

本训练是团队集体训练项目，主要采用"信任背摔"开展。"信任背摔"是要求教学团队成员轮流站在1.5米高的台子上，背向其他人，身体立直向后倒下，由站在背摔台前的队友用双臂接住。从理论上来说，"信任背摔"项目几乎不需要付出任何体力，应该非常容易，但实际上，令人奇怪的是有不少对断桥、空中单杠等个人项目不在话下的人，却觉得"信任背摔"是最恐怖的。因为它是将自身安全交于他人，具有不可把握性。如果相互信任度不够，在团队工作中不愿意担责，就会出现不敢往后躺下，或在他人往下摔的刹那间下意识地抽出自己手臂的现象。此时教学团队带头人要引导并鼓励大家保持信任和提供信任，以确保每位教学团队成员都能成功完成项目，使团队信任关系迈上新的台阶。

5. 团队创新训练

本训练是团队集体训练项目，主要采用"孤岛求生"进行。该项目将教学团队成员分成太平岛、哑人岛、盲人岛三个组，要求通过团队合作，思维突破与创新，将所有人营救到太平岛上。

教学团队素质拓展训练的项目有很多，可以根据自身情况选择进行，但要保证安全，必须有专业的素质拓展师进行指导。当然，打造高绩效的优秀教学团队精神绝非一日之功，需要在长期的团队工作中逐渐形成，并探索出属于团队自己的精神状态和工作氛围。

第五章 应用型本科院校优秀教学团队运行期内部建设与管理

本章主要通过"建筑专业基础"应用型教学团队的实例来阐述应用型本科院校优秀教学团队运行期内部建设和管理的方法和实践,主要包括如何促进教学团队的良好沟通、如何科学处理教学团队中的冲突、如何进行有效激励和团队文化建设四个方面。

第一节 促进教学团队的良好沟通

一、沟通的概念

管理学家史蒂芬·罗宾斯认为,沟通是意义的传递和理解,有效的沟通是指经过传递后被接收者感知到的信息与发送者发出的信息完全一致。

从罗宾斯对沟通的理解可以看出,沟通要具备两个基本条件:信息的传递和信息的理解。信息的传递,意味着信息应该有传递渠道和接受对象;同时,信息不仅传递,还需要被接收者所理解,理解的结果要与发送者感受一致,即双方达成共识。例如,教师对专业外的其他人讲专业术语,或在第一次交流时使用某些名词的简称,即便对方能积极倾听,但却不能从中获得意义,这样的沟通只满足了沟通的条件之一——信息的传递,却没有满足另一个条件——信息的理解,因此不能算是真正的沟通,更谈不上有效。

二、沟通的功能

许多世界知名企业都非常重视沟通,并获得了巨大的成功。美国沃尔玛公司总裁萨姆·沃尔顿曾说过:"如果你必须将沃尔玛管理体制浓缩成一种思想,那可能就是沟通。因为它是我们成功的真正关键之一。"通用电气公司前总裁杰克·韦尔奇曾说过:"管理就是沟通、沟通再沟通。"日本经营之神松下幸之助也说过:"企业管理过去是沟通,现在是沟通,未来还是沟通。"在应用型本科院校优秀教学团队建设与管理中,沟通也是起着决定性的作用,是教学团队各项管理职能得以实施和完成的必要手段。

1. 沟通可以传递和收集信息

教学团队与外部的沟通,可以获得教育教学动态、专业发展需求、专业知识和技能更新等信息,指导教学团队的发展方向;教学团队带头人与团队成员间的沟通,可以了解教学团队教师的需要、个人目标、对工作积极性、建议和意见等,以促进带头人的管理工作;教学团队成员间的沟通,可以传递各种知识、教学资料、方法等,以达到团队共享。

2. 沟通可以改善教学团队成员间的人际关系

人际交往就是各种沟通的过程。良好的沟通能让教学团队成员清楚了解团队各项事务及他人的真实想法,避免信息偏差所带来的很多不必要的误会,让人与人之间的关系更加和谐。

3. 沟通可以改变教学团队成员的态度和行为

美国心理学家墨非曾提出沟通改变态度的理论。该理论认为,人容易受到周围环境和一些媒介的影响和鼓动,通过沟通,可以显著地改变其对某些事物和人的态度与看法。在教学团队中,同样可以通过沟通让团队成员对既有思想做出改变,进而愿意改变行为以推动合作。

4. 沟通可以带来新思路、新方法

通过沟通,教学团队成员相互讨论、启发、共同思考、探索,往往能激发出创意的火花,得出新思路、新想法,帮助教学团队解决工作问题,为教学团队决策提供实在的依据。

三、教学团队中可能存在的沟通偏差

大多数人会认为沟通非常简单,我们的日常生活和工作中无时无刻不在沟通,而教学团队成员间的互动沟通也是理所当然的。然而沟通中的各种偏差却往往造成事倍功半,甚至是无可挽回的损失。

在沟通过程中,我们认为有效的沟通是发出者发出信息,接收者准确无误地收到。那么如果在传递和接收时出现诸如:发出者没能发出信息,信息发出了但不准确或被扭曲,或者发出了准确信息但被接收者扭曲,或者接收者没有收到等情况,特别是教学团队人数较多、教师间差异较大时这些情况更容易出现。因此,了解教学团队中可能存在的各种沟通偏差,尽量避免,以探索出好的沟通方法和沟通技巧是十分必要的。

1. 信息调谐

信息调谐是指信息发出者如何为特定的接收者调整信息内容。也就是说发出者发出信息时,会根据自己对接收者的主观了解,采用自己认为最适合的方式。比如,我们与孩子说话时,会不自觉地放慢语速、拿捏声调,用"吃饭饭""坐车车"之类的叠词;如果是向专业外人员介绍专业信息,经常会通过打比方的形式让专业术语变得通俗易懂一些,这些都是正确的信息调谐。相反,由于教学团队教师专业知识的相近性,信息发出者会自然而然地觉得对方应该有和自己一样的信息基础,只需要简短的描述对方即可理解,结果就导致信息调谐偏差,发出的信息不够清晰,相当于没有发出有效的信息。"我以为你知道""我觉得自己很清楚"是教学团队中沟通失败后很多教师会说的话,我们一定要引以为戒,在信息发出时要确保是对方易接收的方式,而不是主观认为对方易接收。

2. 信息扭曲

信息发出者往往会有一种偏向,向信息接收者发出自己认为对方会欢迎的信息,因此会扭曲信息。例如为了获得对方的认同,团队教师会对信息中的某一部分添油加醋,加上自己的理解传递给他人,让对方得到扭曲的信息。

3. 理解偏差

并不是只有发出者会扭曲信息,接收者接收信息时往往也会只听自己想听的,而忽视其他重点,特别是在信息较模糊的时候。例如某位团队教师 A 向另一位教师 B 提供学生评教的结果和意见时,当教师 B 看到某一位学生建议不要过多使用 PPT 上课的意见时,会说"看吧,我就知道学生不喜欢用 PPT 上课,还是喜欢板书的形式",以偏概全,直接下结论,推翻其他多数意见,这应该是普遍现象。大家更倾向于按照对自己有利的方式解释信息,甚至会有选择地注意其中支持自己最初观点的信息,忽略或错误解释与自己立场冲突的信息。

4. 透明的幻觉

人们在沟通交流时通常会认为自己的想法、态度和理由都很透明,即在别人看来都很明显,但实际上并非如此。例如教学团队成员可能经常不知道带头人的想法或某条规矩的用意,可教学团队带头人却认为团队成员完全清楚。简而言之,人们期望他人对自己的理解程度,经常会高出他人实际的理解程度,导致我们常说"看不懂这个人""不知道他为什么这么说"……

5. 间接语言

间接语言是人们要求别人做事的方式,采用的是间接的方法。比如,想寻求其他教师帮忙把门关上,直接的说法是"请你帮忙把门关上",而间接的说法是"今天风怎么这么大"或"办公室好像有点冷"。采用间接语言时,要想理解交流者话语背后的意图并做出正确判断,听者需要深入的认知和话语分析,这样往往会浪费时间,甚至不能理解深层次的意思,导致交流没有好的收效。一般当交流双方不是很熟悉或碍于面子时,越会出现这种拐弯抹角、不能畅所欲言的情况,而这种间接性语言对有效沟通可能产生严重影响。

6. 不对称沟通

不对称沟通问题是很多教学团队中存在的现实问题,特别是教学团队带头人不能完全民主、平等地对待所有团队成员时,有一部分职称高、资历老的教师会掌握大部分话语权,沟通中会利用自己的权威压制他人,容易形成"一家之言"。

四、沟通的基本原则

沟通是教学团队管理中大量存在的行为,必须努力规范。美国管理协会提出的"沟通十戒"是进行沟通应当掌握的基本原则,如果把它移植到应用型本科

院校优秀教学团队的有效沟通上,其具体内容表现为:

(1)沟通之前应把要传递的思想搞清楚。沟通者应预先把沟通内容予以充分考虑,在沟通之前做到胸有成竹。

(2)要认真考虑每次沟通的真正目的。沟通和聊天的本质区别就在于沟通是有目的性的,只有明确沟通的目的才能对沟通内容进行有效规划。

(3)沟通时要考虑环境。沟通的环境影响沟通行为和沟通效果。环境包括空间、噪音等物理环境,也包括沟通双方的情绪和态度等社会因素。

(4)沟通前应尽量虚心听取别人的意见。进行沟通时,多与别人商议,既能获得别人的建议,又能得到别人的支持。

(5)传递信息既注意信息内容又注意语调。信息的接收者对信息的理解不仅受到信息内容的影响,也受到信息解读方式的影响。语调的轻重缓急、抑扬顿挫都会对接收者产生影响。

(6)尽可能传递有效信息。接收者更易接受有效信息。传递的无效信息过多会降低接收者的注意力,影响有效信息的接受,导致沟通结果不理想。

(7)通过反馈检查沟通效果。信息发出后,必须设法取得反馈,以便弄清信息接收者是否已经了解沟通的内容和目的,是否执行并采取了适当的行动。

(8)沟通要着眼现在、前瞻未来,这是使沟通有效地解决问题,且符合长远利益和目标的要求。

(9)教学团队带头人要言行一致。如果其口头传递的信息和实际做出的行动不一致,就会导致团队成员的不信任,从而影响管理工作的执行和效果。

(10)要善于倾听。善于倾听能够维护对方的自尊,激发对方表达的意愿,营造良好的沟通氛围,同时更有助于捕捉细节信息,了解和掌握沟通对象的真实意图。

五、促进教学团队良好沟通的方法和技巧

1. 创造信任的教学团队氛围

只有以信任为基础,才能促成真诚的沟通。一旦缺乏信任,根本不可能进行良性沟通,只会带着偏见沟通。关于信任,本书第四章第四节教学团队精神中已经提到,这里不再赘述。

2. 寻找合适的沟通方式和沟通载体（会议、面对面、网络、电话、便签）

沟通的方式分语言沟通和非语言沟通两种，其中语言沟通有书面和口头两种不同方式，非语言沟通则有语调、语气、手势、表情、眼神、身体语言等多种。这些沟通方式各有优缺点，适合不同的人、不同的事由、不同的场合。例如：书面沟通（文件、通知、邮件、研究报告等）内容详实、准确、持久，但效率低、交流时间长、缺乏反馈；口头沟通（会议、交谈、电话等）快速传递、快速反馈、信息量大，但若传递层次过多容易失真、可靠度低；非语言沟通生动有趣，内涵丰富，但距离有限，只能局限于面对面交流。研究数据表明，我们面对面交流的时候，其实只有7%的信息是通过语言传达，超过一半以上的信息靠的是表情。比如美国总统特朗普在演讲时总是手势丰富、表情夸张，擅长用"身体语言"表达自己。

所以想要沟通顺利进行就需要对不同形式的沟通进行深入分析，找出某次沟通最合适的方式，并运用分析结果明确沟通过程中可能促进双方沟通意愿的有效技巧。沟通方式选择失误甚至可能会让本有把握的合作功亏一篑，所以对于方式的选择不能轻视。

3. 提高教学团队成员"说"和"写"的能力

沟通是一种表达力，更是一种理解力，主要通过"说"和"写"来表现。

在教学团队实践中，我们发现，要提高"说"和"写"的能力，需要注意以下几点：①要实在，不要花言巧语，更不要哗众取宠；②要通俗，说话要避免深奥；③要简明，且精准表达，不要模糊不清；④要谦虚，不要摆架子；⑤要会赞美；⑥说话要富有感染力；⑦有丰富的词汇，要选择积极性的语言和词汇等。这些内容都可以与团队教师的教学工作结合起来，多加练习，不仅能提高团队内的沟通能力，而且对教学表达能力也是一种促进。

4. 要注意消除教学团队沟通中的障碍

教学团队沟通中的障碍有很多，包括沟通信息传递手段落后、传递媒介不通畅、传递环节过多、信息量过多过大、缺乏及时反馈等，想要取得良好的沟通，一定要注意消除这些障碍。

5. 积极倾听和表现出兴趣

在第四章第二节教学团队带头人领导力建设中已经详述过倾听的方法，同样适用于一般的教学团队成员。在倾听时学会做一个"慢性子"，而不是"捧场王",不要急切地表达自己听懂了或一直打断对方说话,而是在他人讲话时只倾听、微笑点头、眼神示意、不时记录,在确认对方已经完整表达完观点之后再做出回复。

教学团队沟通的另外一个技巧,就是真心对别人感兴趣。设身处地为他人着想,学着感受别人的需要并接受彼此的不同之处,也尝试从别人眼中看你自己。若能看到别人眼中的自己,你在沟通方面会更容易成功。

6. 沟通时摆出真诚的态度,能承认"我不懂"

沟通中诚实面对自身不足,不懂就认,不要不懂装懂,态度很重要。有时候说出"我不懂""我不知道"很难,特别是对于高校教师来说,这样会让我们觉得自己知识欠缺、能力不足,是在同事面前丢脸,会失去做教师的尊严。其实,事实刚好相反,承认"我不懂",反而能收获进步。

比如"建筑专业基础"应用型教学团队中的一段经历,就很好地说明了这个道理:A 教师在一次教学团队讨论中,被 B 教师问道:"你用过 PKPM(一种建筑结构计算软件)吗?在我们的课程设计中可以引入,以便与建筑行业接轨。"当时 A 教师完全不懂 PKPM,但碍于面子不想承认:"课程设计中引入 PKPM 软件确实不错,很好地体现了应用性。"于是 B 教师开始深入讨论有关 PKPM 软件的建模、数据输入,甚至是与手算数据结果比较,如何在课程设计中很好的融合等内容,而 A 教师只能勉强附和、草草结束。这次对话沟通后,由于在实际教学工作中推进困难,A 教师非常后悔,主动承认说:"我夸大了自己的能力,对不懂的东西装懂,在课程设计中不能很好地指导学生完成,反而觉得很丢脸。"之后,在 B 教师的帮助下,A 教师学会了 PKPM 的使用流程和技巧,能更好地胜任课程设计的指导工作,课程设计改革也得以顺利地开展下去。

7. 失言后的处理

人无完人,沟通中常常会出现由于"用词不当""引喻失义""想法不周""场合不宜""对象不合""风度不佳""认知不足"等引起的失言,导致沟通无法进行,甚至越描越黑。如果不能立即处理,往往会在沟通双方心中产生隔阂,可能再也无法合作,甚至导致教学团队内部关系紧张,工作无法继续开展。

失言以后,正确的做法是立即道歉、明快解释、自我解嘲或是用行动证明无心。同时,也要避免没有把握的即兴发言,谨防情绪激动时的口不择言。可以平常多和家人、朋友进行合理的辩论,多加练习。先加强个人的沟通能力之后再辅以细心的观察,养成经验累积与准备周全的好习惯。

8. 运用好反馈手段

有人说教师应该是最会沟通的人群,每天与学生打交道,传授知识的同时就是沟通的过程。但实际上,教学过程中与学生的沟通大部分是自上而下,不对等的,被动的。为了获得更好的课堂效果,教师们总是尽力推动课堂上与学生的互动。"这个知识点听懂了吗?""针对刚才的学习,请大家回答××问题。"……这些手段所要求的就是得到课堂反馈,所期望的就是回答"听懂了",具体说就是接收到并理解老师所传达的信息。

所以,在沟通中直接或间接的询问、测试,以确认对方是否完全了解信息,以便及时调整陈述方式,使接收者更好地理解信息是促成良好沟通的重要手段。

9. 建立教学团队沟通制度

建立教学团队沟通制度是进行团队沟通的一种有效方法。要将教学团队中的沟通当作一项长期性的工作,最好能够建立一种沟通制度,以确保教学团队成员之间能够及时沟通。比如"建筑专业基础"应用型教学团队的沟通制度如下:

"建筑专业基础"应用型教学团队沟通制度

为了本教学团队所有教师间能够有效进行沟通,促进教学团队工作的顺利进行,特制定本制度。

一、沟通方式

沟通可以通过召集会议、发送邮件、QQ、微信、打电话、面谈等方式进行。

1. 教学团队例会每周一次(每周三下午),形式可根据实际情况采用面对面或网络会议。

2. 阶段性汇报及审查。教学团队成员定期(每月28日)与教学团队带头人沟通交流所做工作的进展情况、阶段性成果、遇到的问题以及下一步计划等。

3. 建立教学团队QQ群和微信群。其中QQ群为官方群,主要用于各种工作交流;微信群为非官方群,主要用于团队成员的日常交流、活动组织、红包福利等。

二、沟通规则与规定

1. 沟通根据需要随时随地可以开展。需要召集会议的,需遵守《"建筑专业基础"应用型教学团队会议制度》。

2. 各种沟通通知或邀请发出后,团队成员要及时回应并积极进行沟通。

3. 沟通要平等地进行,不能用其他因素(身份、岗位、职称等)影响沟通的过程和结果。

4. 团队成员之间要发自内心、诚心诚意地进行交流和沟通,不隐藏,不保留,站在为队友、为团队整体利益的高度,运用有效沟通,积极达成共识。

5. 沟通时要注意方式方法,不用粗俗的手段,注意文明用语,不做人身攻击,就事论事,对事不对人。

6. 每次正式的沟通都要做好沟通记录,并存档备查。

7. 当沟通无法达成一致时,要调整思路或方式方法,及时寻求其他解决办法。

第二节 科学处理教学团队中的冲突

一、冲突的概念

对于"冲突"一词,人们有着诸多不同的定义。管理学家斯蒂文·芬克认为:"冲突是在任何一个社会环境或过程中两个以上的统一体被至少一种形式的敌对心理关系或敌对互动所连接的现象。"托马斯·彼得斯认为:"冲突是一方感到另一方损害了或打算损害自己利益时所开始的一个过程。"而托纳则认为:"冲突是两方之间公开与直接的互动,冲突中的每一方的行动都是旨在禁止对方达到目标。"针对上述对冲突的定义,我们不难发现,冲突必须是双方感知到的,且双方的意见是对立的或者是不统一的。从总体上看,冲突是指个人或团队对于同一事物持有不同的态度与处理方法而产生的矛盾。

应用型本科院校优秀教学团队要想实现高效运作,就要保障团队内部的有效沟通和高度合作,但这也仅仅是一种理想状态。由于教学团队由不同的教师个体组成,就一定会面对价值观、态度和行为上的差异所带来的矛盾,也即冲突。冲突是客观存在的,是无法逃避的,是不以人的意志为转移的。

冲突有好有坏。有原则的争论、挑战性的质疑可以带给教学团队进步;而暗箭伤人、人格损毁、不愿合作等则给教学团队带来隔阂。所以,面对冲突,教学团队带头人和冲突双方都应该充分认识冲突,正确处理和解决冲突,以避免恶性冲突和激发良性冲突。

二、冲突的类型

1. 从冲突的表现形式分类

(1) 关系冲突。也称情绪冲突或情感冲突,是个人之间的、伴随着防守和愤恨心理,会引起愤怒、人际摩擦、人格崩溃、自我中心和紧张感的一种冲突类型。这种冲突是教学团队带头人和所有成员都应该试图避免和尽快解决的冲突。同时,由于关系冲突并不总是表现为公开的争吵,特别是高校教师之间大家更会为了保留面子或者体现职业素养,而总是竭尽全力地掩饰实际存在的冲突,这让关系冲突表现得不明显,解决起来更加麻烦。

(2) 任务冲突或者认知冲突。这种冲突是客观性的,包括关于理念、计划和项目优缺点的辩论。任务冲突在刺激创新性方面非常有效,因为它可以促使人们重新审视问题并达成每个人都可以接受的结果,也正因为如此,团队内分歧观点的存在对于创新是很有利的。例如在进行某项计划时,当大多数教学团队成员面对少数成员的不同观点时,这大多数人不得不思考那少数人为什么不同意,这个思维过程能够刺激新颖观点的产生,以更趋于所有人都能接受和同意。

(3) 过程冲突。这种冲突主要集中在教学团队成员对如何完成任务,尤其是谁应该干什么等问题的不同意见上。

一般来说,关系冲突会妨碍教学团队和谐,任务冲突则对教学团队建设有利,而过程冲突则有可能转化为关系冲突和任务冲突的某一种。比如,对于某个任务在具体分工时所产生的冲突,教学团队带头人应充分考虑团队成员的优势,征求每个人的意见后进行,如果只是用任命的方式分工好后通知大家,就很可能因为分工不合理而产生过程冲突。此时如果教学团队带头人能认识到冲突的存在并适时调整分工,那么这个过程冲突会转化成任务冲突,否则会让个别团队教师心生不满,转化成关系冲突。

2. 从冲突产生的结果分类

(1) 建设性冲突。导致积极结果的冲突称为建设性的冲突,也称良性冲突。比如对教学团队的工作计划、任务实施方法、合作方式、规章制度存在意见和建议等,这些冲突经过有效沟通能达成积极性的结果,对实现教学团队目标是有帮助的。不仅可以增强教学团队内部的凝聚力和团结性,提高团队决策质量和效率,调动团队成员的工作积极性,也会提供问题解决的有效方法,尤其是激发教学团队各项工作的改革与创新。通常人们工作的心理都趋于稳定,具有不变的工作模式,只有当他人向我们的方式方法、效率效能发出挑战,并在某种程度上发生冲突,形成危机时,人们才会考虑改变和革新以应对这些冲突,这就是冲突的积极结果。

从这点来看,如果教学团队的意见总是统一,绩效的提高程度有时反而会较小;相反,总是有不同的思想碰撞,团队在不断创新与改革中发展,才能走得更远。

(2) 破坏性冲突。导致消极结果的冲突是破坏性的冲突,也称恶性冲突。这种冲突会给教学团队带来一些消极影响,如团队教师间关系紧张、信任度降低、凝聚力降低、不合作、团队成员的努力偏离共同目标的方向、教学团队的资源被浪费等。更严重的是,如果不解决这种冲突,团队的功能将会彻底瘫痪,甚至威胁到团队的存亡。

实际上,关系冲突产生的结果就是破坏性冲突,任务冲突或认知冲突产生的结果则与建设性冲突一致。

三、冲突的过程

教学团队的冲突通常是一个动态过程,是从冲突相关主体的潜在矛盾映射为彼此的冲突意识,再酝酿成彼此的冲突行为意向,然后表现出彼此显性的冲突行为,最终造成冲突的结果与影响。这是一个逐步演进和变化的互动过程。美国学者庞地将冲突的过程分为五个阶段,如图 5-1 所示,同样适用于教学团队冲突的发展和冲突解决。

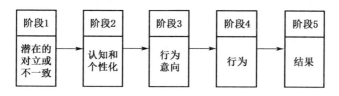

图 5-1 冲突过程的五个阶段

1. 潜在的对立或不一致阶段

也称潜伏阶段。由于教学团队中不同教师彼此之间存在能够引发冲突的一些必要条件，这些条件虽然不一定直接导致冲突，但往往都潜伏在冲突的背后，成为冲突产生的"导火索"。这一阶段，冲突还没有明显表现出来，随着时间的推移和环境的改变，这个冲突可能会渐渐消失，也可能被进一步激化。

例如，教学团队 A 老师参加青年教师讲课竞赛取得了三等奖，本来以为会得到团队带头人的表扬，可是教学团队带头人 Z 老师却说："小 A，参加讲课比赛听了那么多讲得好的老师，有没有发现自己的不足啊？虽然得了三等奖，还是要注意与一、二等奖的差距啊！"A 老师听后内心一阵沮丧，随之更是气愤难平，想着再也不去参加什么讲课比赛了，辛苦准备这么久，一句好话都得不到！其实，这位教学团队带头人本想鼓励 A 老师继续努力，没想到由于自己的表达不当，导致了他们之间的冲突。而这种"表达不当"有时不仅仅是语言问题，其产生的原因一般受以下三种潜在因素所影响：

（1）个体间的差异因素

① 年龄差异。教学团队中往往包含老中青不同年龄梯队，他们由于社会阅历、社会认同和社会知识等的差异，会对同一事件表现出不同的反应，致使双方难以相互理解，因而酿成冲突。比如年轻的教师总感到老教师教学思想守旧、教学方法不够先进、知识技术不够前沿化；而老教师又往往认为年轻教师责任心不够、自由散漫、没经验、教学能力欠缺等。这些偏见很容易引起相互之间的不满，是教学团队成员之间产生冲突的潜在因素。

② 岗位差异。在一个教学团队中，各个不同岗位的教师由于侧重点不同，往往会觉得自己要做的事才是最重要的，容易为了合作或资源分配等产生矛盾，相互拆台、争吵、较劲等。

③思维差异。由于教学团队教师在受教育程度、专业知识、经验、态度、观点、待人处事等方面存在差异,因此往往对同一事物或事件有不同的想法,由此会产生一定的冲突。比如,在教学改革的方向上、教学团队目标设定上有人觉得要保守以免出错,有人觉得可以大胆创新争取更大的成功,自然就会导致矛盾和冲突的产生。

显然,前例中的A教师和教学团队带头人Z教师不管在年龄(这也蕴涵着工作资历)、岗位以及思维方式上都存在着一定的差异,当上述差异体现在工作任务和评价上时就很可能会发生冲突。

(2) 教学团队的结构因素

① 从团队的规模来看,当教学团队规模越大,目标越宏大,任务会越多,团队成员的分工就越细致,管理越规范,都有明确的工作范围和界限,如果其他成员有所涉及或进行干预,发生冲突的可能性就会加大。

② 任职的时间和冲突成反比。团队成员越年轻,在教学团队中工作的时间越短,发生冲突的可能性就越大。

(3) 教学团队沟通不良的因素

沟通不良是引起教学团队内部冲突的重要因素。教学团队成员之间彼此存在着各种差异,如果能够有效地进行交流、相互理解、相互信任,那么发生冲突的可能性就会大大减少。相反,如果沟通渠道不顺畅,相互猜忌,互不支持,冲突就会出现。比如教学团队某项工作规定是"要求每周一上午8点召开团队例会,总结上周工作,计划本周工作",由于制定前教学团队带头人并没有征求全部教师的意见,主观选择了这一会议时间,造成个别距离学校较远的教师抱怨"开会时间太早,周一早上又堵车严重,很容易迟到"。而这种抱怨如果只是埋藏在心底,没有被教学团队带头人所了解,就会成为发生冲突的潜在因素,一旦某一天有外在因素所激发(如迟到被惩罚),冲突就有可能爆发。

2. 认知和个性化阶段

在这个阶段,双方已经意识到冲突的存在,产生相应的知觉,开始依据自身的情感推测和辨别是否会有冲突以及是什么类型的冲突。冲突双方面临冲突时会有不同的心理反应,他们对于冲突性质的界定在很大程度上影响着解决的方法。比如,教学团队让某位教师负责省级大学生创新创业指导工作,这在其他团队教师看来,有人可能认为该教师可以胜任,支持这个决定,这时冲突不会发生;而另外一些人可能会认为自己比他更适合这项工作却没有得到领导信任,这样就会使得冲突发生甚至升级。

3. 行为意向阶段

冲突的第三个阶段是行为意向阶段,这一阶段的特点体现在教学团队成员意识到冲突后,要根据自己对冲突的认识与判别权衡利弊,开始酝酿和确定自己在冲突中的行为意向、应对策略和各种可能的冲突处理方式。这些行为意向的可能性一般包括:①回避冲突,既不想合作,也不争取自身利益,消极对待;②正视冲突,相互合作,互惠互利;③冲突双方都放弃部分利益,相互妥协,以求得和谐共存;④冲突一方做出让步,迁就对方观点和行为;⑤冲突双方都表现出对抗性的竞争,寻求个人利益的满足,而不考虑他人。

由于教学团队中教师个人性格特点、为人处世方式以及价值观、大局意识、奉献精神等的不同,对冲突所做的行为意向也会不同。所以,教学团队带头人在日常建设和管理中,要注意加强团队成员任务冲突的训练,引导大家尽量避免关系冲突,正视冲突,以不产生破坏性冲突为出发点,理性选择应对冲突的行为意向。

4. 冲突出现阶段

冲突出现阶段是指冲突公开表现的阶段,也称行为阶段或冲突处理阶段。进入此阶段后,教学团队中冲突双方在个人行为意向的引导或影响下,正式做出一定的显性行为来表明自己的观点和立场,试图阻止或影响对方的目标实现,努力实现自己的愿望。其形式往往是一方提出要求,另一方进行争辩或抗争,是一个相互的、动态的过程。此时,冲突有可能在双方的互动中主动解决,也可能需要教学团队带头人的协调处理,甚至可能需要上级命令强制性阻断。

5. 冲突结果阶段

这一阶段冲突往往已经有了解决方案。此时,如果冲突被有效解决,双方都满意而归,教学团队内部其乐融融,工作稳步进行;如果冲突不能妥善解决,或者貌似被解决实则变得隐藏更深,将会在以后的教学团队工作中变成更多矛盾的导火索,瓦解团队工作协调,造成更严重的后果。而对教学团队的发展来说,也会造成积极推动和消极破坏两种截然相反的结果。

四、科学处理团队中冲突的方法

教学团队中发生冲突是其发展过程中的一种普遍现象,回避冲突就是回避问题,而回避问题,问题就会以更严重的后果说话。所以,教学团队带头人的一大任务就是正确地理解冲突,科学处理各种冲突,在冲突中创造教学团队的和谐。当教学团队发生冲突时,首先要对冲突有一定的认识,能对其性质进行全面细致的分析,比如是关系冲突还是任务冲突,是建设性冲突还是破坏性冲突。如果是关系冲突就要采取有效措施将其转化为任务冲突,如果是建设性冲突就要合理利用其益处,如果是破坏性冲突则要尽量消灭它。

在教学团队实践中,我们发现,团队教师之间处理冲突的好坏往往与个人修养和风格有很大关系,但经验不足的教师也可以通过以下方法和技巧修炼自己冲突处理的能力:

1. 主动、公开解决

冲突双方主动在公开场合提出冲突问题,或者由教学团队带头人出面召集冲突双方在公开场合解决冲突问题,而不是憋在心里,任由冲突升级。此时,冲突双方面对面,都能直面冲突的原因和实质,摆事实,讲道理,坦诚地进行商讨、辩论,以解决问题为目的,并注意沟通策略,对事不对人,能站在对方立场考虑,互换角色,相互理解,最终达成一致,有效解决冲突。比如"建筑专业基础"应用型教学团队就设有专门的一个小房间,里面摆放沙发、茶几、茶具、小点心等,是区别于办公场所而显得更休闲、更放松的地方,用于教学团队成员沟通交流和处理矛盾冲突。事实证明,当大家走进这个专门房间时往往能放下紧张的心情,缓和紧张的气氛,用轻松、平和的心情去解决冲突。这个空间被教学团队成员昵称为"好地方",如果有意见不同,就会有人说:"走,咱们去好地方聊聊,享受一下。"大家认为去交换想法、解决冲突是一种享受,是带着微笑和调侃开始的,自然就不会影响相互关系和团队团结,很自然地接受和面对冲突的发生和解决过程,那么冲突被有效解决的可能性也越大。

2. 公平公正

这个方法主要针对需要教学团队带头人出面协调的冲突。处理冲突的时候,教学团队带头人的出发点非常重要,是想暂时解决眼前难题还是考虑长远发展,是要安抚一方情绪还是照顾双方感受,是要顾忌个人利益还是通盘考虑团队整体利益,都会影响冲突处理的方式、方法和结果。在很多情况下,只照顾到冲突中某一方的利益往往会让矛盾进一步升级,因此教学团队带头人在处理冲突时的公平公正显得尤为重要。正确的方法是教学团队带头人要掌握沟通技巧,全面了解冲突的原因和症结,不偏袒,不暗箱操作,设身处地为矛盾双方的利益考虑,公平公正地调解、协商,以双赢的方式让冲突双方都能接受处理结果。

3. 难得糊涂

俗话说"难得糊涂",太计较得失反而更容易失去。当冲突是无关紧要的小事时(比如团队教师偶尔的小错误、无心之失等),冲突当事人的人格修养较高,觉得对自己利益没有损失,或认识到冲突发生后自己无法获益,抑或意识到冲突付出的代价大于得到的回报(比如浪费过多时间、可能失去同事帮助等),以"难得糊涂"的方法去处理是更为明智的选择。"难得糊涂"的冲突处理方法一般具体为:①自动忽略冲突,把其扼杀在萌芽状态;②回避或抑制冲突,将自己置身于冲突之外;③控制激烈言行,委婉表达,以避免正面冲突;④将问题置之不理,不予解决,让其自生自灭;⑤统一以教学团队的规则和制度作为解决冲突的原则,约束自我的行为,主动消除自身冲突因素。这些方法可以避免微小冲突的扩大,减少冲突的消极结果。

当然,"难得糊涂"是一种消极的解决冲突的方法,在大是大非面前,难得糊涂是不可取的。如果在遇到较大的恶性冲突或可预见的破坏性冲突时也一味地采用回避策略,无原则地保证教学团队内部的"和谐","大事化小,小事化了",盲目压制所有冲突,可能会将需要解决的重要问题掩盖起来,久而久之,这些未解决的问题会变得更加棘手,在不得不解决的时候,已经给教学团队带来极大的冲击甚至是危机。比如说教学团队成员对于激励制度的不满所引起的冲突,教学团队带头人为了团队的"和谐团结",可能会强硬地将这类意见压制,而团队成员在长期感觉遭受不公正待遇的心态下,会出现个人工作积极性和团队凝聚力下降、任务实施被拖延、目标无法达成等结果,给教学团队持续发展带来严重的冲击和阻碍。

4. 迂回战术

(1) 转移目标法。指将教学团队内冲突双方的注意力转向其他目标或者是将现有目标升级,使冲突双方为了追求更高的目标而暂时忽略彼此的分歧,再使冲突逐渐化解。同时,由于目标的变化,双方共同合作的机会增加了,这有利于双方重新审视自己工作中的问题,从而加强成员间的共识与合作。但此法知易行难,因为在实际操作中,冲突双方必须相互信任,而且共同目标的制定也不能太过于理想化而脱离实际,这对于教学团队带头人来说是很困难的。

(2) 缓和法。基本思路是寻找冲突双方的共同利益点,先解决次要分歧,搁置主要矛盾,设法创造条件并拖延时间,使冲突降低其重要性和尖锐性,从而变得易于解决。虽然此法只能解决部分非实质性的冲突,但却在一定程度上缓和了冲突,并为以后完全处理冲突赢得了时间。应当注意的是,冲突很可能还会"东山再起",因此在冲突缓和后,要尽快实质性地彻底解决问题。

5. 调整工作,消除冲突根源

通过工作研讨,对工作进行再设计,重新进行岗位设置和分工,优化教学团队的工作目标和工作组织结构,改变冲突双方的相互作用机制,消除冲突根源。比如"建筑结构基础"应用型教学团队在达成"提高学生学习积极性"这个目标时,有一项工作任务是"组织结构力学竞赛",于是组成了结构力学竞赛分团队,由团队中 W 老师任负责人。在任务实施过程中,W 老师和 H 老师之间由于竞赛组织形式和效果产生意见分歧,且协调后没有更好的解决办法,此时大家转变思路,基于大部分学生考研的需要,将这一工作任务调整为组织"结构力学考研辅导",并重新设计团队现有的工作岗位和责权利关系,得到双方拍手赞成,彻底解决冲突。

6. 寻求外部解决方法

(1) 外部资源和资金支持。如果教学团队中冲突的发生是由于团队资源缺乏、不平衡造成的,那么致力于教学资源的开发和平衡配置就可以产生双赢的效果;如果是由于资金缺乏或费用紧张,则可以通过申请上级拨款和资金支持等方法来满足团队中的不同需求,从而化解冲突。

(2) 上级命令。上级命令是指通过教学团队的上级管理层运用正式权威来解决冲突。当冲突双方通过协商不能解决冲突时,按教学团队利益优先原则,采用上级行政命令方式,强迫冲突双方执行上级的决定或命令,可以暂时压制冲突的爆发。但这种方法往往不能服众,一般不能从本质上解决问题,只有在紧急情况下才有其特殊的作用,与"缓和法"一样需要尽快实质性地解决问题。

7. 和平交易

也称折中法或妥协法,是教学团队中冲突双方进行一种"交易"——都放弃部分利益,相互妥协而共同分享利益,适度地满足双方的关心点,以求得和谐共存。比如教学团队中由于时间有限而不能无休止的讨论达成一致时,采取的权宜之计;或者当冲突双方所主张的权利相当时;抑或觉得满足一部分诉求已经达到心理预期,认为不值得与对方闹翻时,都可以采用这种方法处理冲突。

8. 合理激发建设性(良性)冲突

教学团队中缺乏建设性冲突,会使团队的工作趋于平淡,没有创新和发展。所以,教学团队带头人应合理地、适时适度地激发建设性冲突,保持团队活力。

(1) 形成良好的沟通制度,创造"畅所欲言"的工作氛围,鼓励建设性冲突的发生。比如"建筑专业基础"应用型教学团队就规定:反对盲目服从和附和行为,每一位团队教师都应有表达自己意见、建议的权力和义务,将观点透明地摆在众人面前进行讨论,尊重不同的意见,信任不同的动机。

(2) 在教学团队中设置"唱反调者"的角色,即每次由某位团队教师主动或被指定担任这个角色,让其在讨论中专门发起对现有方案的反对意见,大家对反对意见的合理性和可行性展开讨论。

(3) 运用具有威胁性或模棱两可的信息促进团队教师的积极思维,改进对事物漠然处之的态度,提高冲突的水平。比如在制定某项制度前,可以先通过非正式的渠道散布为"小道消息",以试探和激发教学团队成员的不同反应与冲突。当引发的负面反应强烈,冲突水平过高时,可以出面正式否认消除冲突,或干脆将制度内容转向其中的好提议;若冲突水平适当,正面反应占主导地位时,则可正式拿出来讨论。

(4) 鼓励教学团队成员之间适度竞争。通过适当的激励措施鼓励教学团队成员之间的适度竞争,如开展互相听课、教案统一展示、学生评教排名等提高教学团队成员的工作积极性。

9. 进行冲突解决训练

教学团队成员解决冲突的能力不是生而就有的,需要经过相应的培训和引导。如提高团队教师的个人修养,对共同目标追求的一致性,提升自身的人际交往和沟通能力，学习冲突理论和解决方法，学习如何正确有效地倾听、如何发展自己的谈判风格等。

第三节　营造教学团队的有效激励

一、激励的概念

激励即激发人的动机，鼓励形成某种行为。教学团队的激励就是激发团队成员的工作动机，用各种有效的方法去调动团队成员的积极性和创造性，引导其努力工作，实现教学团队目标，对于教学团队来说是不可或缺的重要内容。

对于一个教学团队而言，尽管团队教师都具有较高的教学和科研能力，但并不一定能产生对团队有用的价值，其能力发挥的程度往往取决于其需求水平的高低。著名的 Abraham Maslow 需求理论中给出了每个人内心都存在的五种需要层次，按金字塔形状从下往上依次为：①生理需要，包括觅食、饮水、栖身、性和其他身体需要；②安全需要，包括保护自己免受生理和情绪伤害的需要；③社会需要，包括爱、归属、接纳和友谊；④尊重需要，包括内部尊重因素（如自尊、自主和成就感）和外部尊重因素（如地位、认可和关注）；⑤自我实现需要，使个体成为其可以成为的人的内驱力，包括成长、开发自我潜能和自我实现。其中生理需要和安全需要属于较低级的需要，主要通过外部使人得到满足（如通过报酬、工会合同、任职时间这些内容）；社会需要、尊重需要和自我实现需要属于较高级的需要，主要通过内部（个体内在的内容）使人得到满足。这五种需要层次是逐级上升的，当某一种需要基本得到满足后，更高一层的需要就会成为主导需要，即便这个低层次需要没有得到完全、彻底的满足，但只要它大体上获得满足，就不再具有激励作用了。

即便高校教师的觉悟很高，但不可否认的是其加入教学团队仍是基于自身的需求，如报酬、荣誉、尊重、地位、职业发展等。而教学团队的激励正是通过满足团队教师的这些需求，来引导其为教学团队的目标不断努力和做出贡献的过程。所以，如果想要激励教学团队中的教师个体，根据 Abraham Maslow 的需要理论，就必须真正了解团队教师目前处于哪个需要层次，然后重点满足这种需要以及更高层次的需要。

二、教学团队中激励的原则

1. 公平原则

公平性是教学团队管理中一个很重要的原则，一再被提起。取得同等成绩的教学团队成员，一定要获得同等层次的奖励；同样，犯同等错误的教学团队成员，也应受到同等层次的处罚。教学团队带头人在执行激励措施时要公平公正，不应带有任何偏见和喜好。

2. 适度原则

激励的措施要适度，要根据所实现团队目标的价值大小来确定适当的激励量，且不宜过于频繁。事实上，如果激励过于频繁就会失去效力，所以只在条件充足时进行表彰和激励才是正确做法。

3. 清晰原则

激励的目的必须要明确，是需要教学团队成员做什么和必须怎么做；激励的条款要清晰，便于执行，不能太模糊或太宽泛而不好把握。

4. 时机原则

要把握好激励的时机，"雪中送炭"和"雨后送伞"的效果是不一样的。激励越及时，越有利于激发团队教师的积极性和创造性。激励等待的时间越长，期望被降低或减缓，效果就会打折扣。

5. 按需激励原则

根据教学团队教师的不同需求选择合适的激励措施才能真正体现激励的效果。如果给渴望物质激励的教师以精神赞美，或给渴望赢得认同与尊重的教师以物质奖励，都会适得其反，导致其对教学团队失望，进而影响其工作积极性。

三、教学团队有效激励的方法与措施

根据教学团队中教师的不同组成、不同需求以及教学团队的自身资源等情况，可以实施的激励方法和措施各有不同，一般有以下几种：

1. 物质激励

物质激励属于最低层次的需求激励,一般包括薪酬、福利、资源等形式。由于教学团队资金一般是上级主管部门行政拨款,往往资金并不充足,物质激励方式并不是首选,力度通常也较小。而且受资金管理制度和报销制度的限制,即便是资金放权给教学团队自己管理,仍然是有限的自由,通常都需要审批。如果是发表论文、购买资料、培训、调研等支出较好审批,而激励中的奖励则很难支出。同时,由于教师职业特殊性,能从事这个行业的人往往都不会特别看重物质激励,他们更需要的是尊重、认可、荣誉称号、职业发展(职称提升、知识和技能的提高等)。所以,教学团队内针对物质奖励的措施可以尽量减少,也可通过其他途径间接实现。比如"建筑专业基础"应用型教学团队的物质激励主要是与学校的各项政策结合起来,利用学校层面的科研奖励、教学奖励等来进行。由于教学团队成员间的优势互补和团结合作使得各种教学科研成果产出量比教师单兵作战时要高,且质优,得到团队外部奖励的机会和等级也相应提高,这同样可以起到激励作用。而教学团队内部可侧重其他激励方式。

2. 精神激励

精神激励一般包括认同、信任、尊重、赞美、帮助树立信心等形式。结合"建筑专业基础"应用型教学团队的实践,具体做法有:

(1) 公开表扬。对努力工作取得成果的团队教师在教学团队例会上或团队QQ群(微信群)进行表扬,如展示其获奖证书,传阅其发表的论文,甚至是团队QQ群(微信群)的点赞,让其得到大家的认同,增强其自豪感和进一步努力工作的动力。

(2) 为某个教学团队成员的成就进行庆祝。庆祝的形式很多,可以是一束鲜花、一个蛋糕、颁发一个纪念品、一起喝下午茶等,不用花太多的钱,通过活动使大家有机会在一起交流感情,不仅可以增强优秀教师的荣誉感,也可以对其他教师形成榜样作用,达到全面激励的效果。

(3) 人人皆有自尊心,教师尤甚。教学团队带头人在管理团队事务时,要做到尊重每个教学团队成员,多建议,少命令,重视团队教师的建议,尊重团队教师的权利,给团队教师面子等。当团队教师感到被尊重,自己在教学团队中非常重要,就会把巨大的热情投入到工作中去。

(4) 真心赞美。赞美作为一种激励方法,不是随意说句恭维话就可以奏效的,必须是发自内心的、真诚的、具体而不宽泛的,比如"你今天的课与工程实际相结合,讲得特别好!""你的这个提议真的解决我的难题了!"等,这些赞美会使团队教师心情愉悦,受到莫大的鼓舞。

(5) 帮助教学团队教师树立奋斗目标,让团队教师认识到自己的巨大潜力,以及团队对他的期望,增强团队教师的自信和对目标的向往,激励其为达成目标而不懈努力。

3. 目标激励

目标激励一般包括明确目标、委以重任、技能培训、岗位轮换等形式。结合"建筑专业基础"应用型教学团队的实践,具体做法有:

(1) 将团队教师个人目标与教学团队目标有机结合,使团队教师清晰地认识到,实现教学团队目标的同时也是在实现个人目标(如尊重、认可、地位提高、职业发展等),吸引其朝着团队共同目标而努力。

(2) 帮助团队每位教师设立一个明确、具体、振奋人心、切实可行的目标,可以有效地激发团队教师的积极性,鼓舞和激励他们提高工作效率。

(3) 委以重任。许多人之所以达不到自己孜孜以求的目标,是因为他们的主要目标太小,而且可能模糊不清,使自己失去动力。采用委以重任的方法,适当调高团队教师奋斗的目标,会达到意想不到的优秀效果。

(4) 目标一定要有期限,这样才能激励团队教师尽快付诸行动,而不是习惯性拖延。

(5) 及时反馈。让团队教师在工作中得到及时、客观、不断的反馈信息,并在获取有益的反馈信息后主动发起调整下一步计划的行动,更有利于取得高绩效。

(6) 通过各种培训使团队教师的综合素质得到提高,进一步提升团队教师达成目标的可能性。

(7) 岗位轮换。在教学团队建设的不同时期,根据不同任务设立分团队,由不同的教师担任分团队的负责人,岗位角色重要了,身上的担子重了,动力自然也会更足。

4. 行为激励

行为激励一般包括榜样、责任感、鼓励、艺术的批评等形式。结合"建筑专

业基础"应用型教学团队的实践,具体做法有:

(1)教学团队带头人要做好表率,严格要求自己,提高自身专业技术水平和管理素养,少说多做,且要说真话、办实事、言行一致,敢于承认错误,勇于承担责任,为其他团队教师起到榜样作用。

(2)培养教学团队教师的责任感。高度的责任感会激发团队教师的工作热情,让其对自己的工作负责,爱岗敬业,积极主动,全力以赴地投入到工作中去。

(3)利用优先权鼓励团队教师不断进取,超越自我,为教学团队做出更大的贡献。如让骨干教师优先享有访学、学习和培训、参加国际会议的权利,待学有所成后用到工作中来。

(4)采用艺术批评,帮助教学团队成员改正错误,从而更加积极地投入到工作中来。如先表扬后批评,在友好的气氛中进行;不伤害团队教师的自尊心,以一种平等的身份、宽容的态度做一次推心置腹的交流,启发团队教师主动发现错误,积极改正错误等。

5. 关怀激励

关怀激励法被管理学家们称为"爱的经济学",即无须投入资本,只要注入关心、爱护等情感因素就能获得丰厚的回报。关怀激励一般包括为教学团队成员创造安全感、营造快乐的工作环境、朋友般相处等形式。结合"建筑专业基础"应用型教学团队的实践,具体做法有:

(1)营造良好的工作环境。为教学团队教师们提供一个专门的干净、舒适、完善、和谐的工作环境和工作氛围。

(2)完善教学团队的各项保障制度,如资源保障、教学改革支持、额外工作时间补贴等,有利于增加团队教师的安全感,让其全身心地投入到工作当中。

(3)减轻心理压力。过多的、不必要的心理压力不利于身心健康,所以,教学团队带头人要懂得增强团队教师的安全感和指导他们保持较为稳定的职业心理,减轻其压力。

(4)教学团队成员间以朋友般相处,经常组织聚餐、茶话会、家庭活动、亲子活动等,多聊聊工作以外的家庭生活、子女教育问题,让团队教师获得家一般的归属感和依赖感,发自内心的愿意为教学团队奉献自己。

6. 民主激励

民主激励一般包括给教学团队教师更多的自主权、让其参与决策等形式。

结合"建筑专业基础"应用型教学团队的实践,具体做法有:

(1) 给教学团队教师较大的工作自主权,让他们自己决定目标实施的方法和途径,做自己想做的事情,在工作中发挥自己的聪明才智,并从自己的工作中获得成就感。如对教学分团队的管理工作,完全由分团队的教师自立自主。

(2) 督导越少越好。让教学团队成员对自己的工作进程灵活把握,主动总结,积极汇报,教学团队带头人只需要做好他律作用就可以了。

(3) 使教学团队成员都能畅所欲言。因为只有团队教师愿意发表自己的观点,才说明其在思考,在为团队建设积极努力。

(4) 让教学团队所有成员都参与团队事务的决策。如在决策之前,反复听取各方意见和建议,信息共享,鼓励团队教师多提有创见性的建议等。

7. 竞争激励

竞争激励一般包括鼓励良性竞争、增强危机意识等形式。结合"建筑专业基础"应用型教学团队的实践,具体做法有:

(1) 鼓励良性竞争。建立正确的绩效考核和评估机制,从实际业绩着眼评价教学团队成员的能力,评判标准要尽量客观,少用主观标准,并保证人人竞争机会均等。

(2) 开展各种竞赛。经常组织各种业务知识竞赛,如讲课大赛、教案评比、PPT展示、教学论文推优资助等,营造良性竞争、互学互助的氛围。

(3) 对优异者奖励,对落后者鼓励。给团队教师取胜的信心,更要鼓励竞争的同时注重相互协作。

(4) 增强危机意识。及时更新社会发展和行业进步的新知识、新技能、新材料、新产品、外部教育教学新成果等,增强危机意识,促使团队教师更加完善自己,提高教学团队的整体竞争力。

8. 反向激励

前面所说的七种激励方法都属于正向激励,在教学团队成员取得成果时给予奖励,或是激励其正向的行为以保证其获得成果。而反向激励就是当教学团队成员出现错误行为时,除帮其改正外,还要给予一定惩罚的激励。反向激励一般包括惩罚机制、容许失败、危机意识等形式。结合"建筑专业基础"应用型教学团队的实践,具体做法有:

(1) 处罚不能太严。教学团队中实行严厉的惩罚往往起不到真正的作用,反而会形成逆反心理。相比其他行业,高校教师算是比较自律的群体,可以采用人性化的手段来处理错误行为。比如教学团队例会迟到的教师,罚其进行会议记录,并整理成文档后发放给所有老师。这种惩罚手段不算严厉,但在全教学团队中得到了"示众",有很好的警示效果。

(2) 第一次不罚。当教学团队教师出现错误时,都可以有一次不罚的机会,让其更加珍视这个机会,记住教训,不再犯相同错误,甚至会激励其"将功赎罪",积极进取,取得更大的成功。

(3) 正式谈话。采用正式谈话的形式,让团队教师意识到问题的严重性,端正态度,改正错误。

(4) 激将法。对于自尊心强的人,可以采用激将法,使之幡然醒悟,主动承认错误,主动接受处分,并决定改正错误的行为。

(5) 容许失败,培养不怕失败的精神,对一些有价值的失败进行奖励。比如某个团队教师参加讲课比赛,虽然尽力准备了,但没有取得好成绩,此时应肯定其付出,帮助其分析失败的原因,找到解决办法。通过适当奖励使其重拾信心,不怕失败,继续前进。

9. 制定教学团队激励制度

建立教学团队内部的激励制度是有效执行激励措施的依据,有制度在先,执行时会更好衡量,更容易做到公平公正。激励机制必须足够全面,且越简单易行越好。一般应考虑以下方面:

(1) 物质奖励条款最好与绩效考核结合起来。

(2) 在衡量绩效指标完成情况时,关键问题是明确应该奖励行为还是奖励结果。我们认为行为过程和结果同样重要,如"建筑专业基础"应用型教学团队对于申报课题的激励措施是:申报时奖励1/3,立项奖励1/3,结题奖励1/3。

(3) 确定哪些教学团队中的工作行为或成果值得奖励。

(4) 确认奖励的方法和形式。是物质激励还是非物质激励,是未来工作的自主权还是获得更多资源,是公开表彰还是委以特别角色或特别任务等。

(5) 确定激励的执行方法。比如是公开的、私下的、书面的还是口头的等。

第四节　培养和谐的教学团队文化

在应用型本科院校优秀教学团队的建设过程中,我们发现,合理确立教学团队目标、培养优秀的教学团队带头人、制定教学团队各项规章制度、培育团队精神、打造良好沟通、科学处理冲突、进行有效激励等这些内容都不是单独进行的,而是相互关联、互相支持、交叉融合、息息相关的。团队文化也一样,在教学团队建设的各个环节都会不知不觉地生成,慢慢沉淀成为某个教学团队所特有的无形的意识和行为规范,影响教学团队所有成员的价值观和行为。

一、教学团队文化的概念

教学团队文化是指在教学团队建设过程中形成的,为团队全部教师所共有的价值观、信念、认知和行为规范。它是一种具有团队个性标签的信念和行为方式,也可界定为:教学团队所有教师为了团队的利益与目标而相互合作、尽心尽力的意愿与作风。与正式的规章制度不同,教学团队文化通常并无书面化的说明,包括了团队中没有表达出来、没有经过正式讨论、虽未经明确但却同样塑造着人们行为的那些方面,如敬业、奉献、协作等,而这些恰恰是教学团队建设中重要的组成部分。在其他管理手段无法触及的地方,通常可以靠团队文化来解决。

二、教学团队文化的内容

教学团队文化一般包括价值观、团队精神、行为规范、共同愿望等。

(1)价值观。价值观是教学团队文化的核心。教学团队基本的价值观是教学团队成员对周围事物的意义、重要性的总评价和总看法,如教师工作的重要性,什么是好的教学、什么是坏的教学,怎样才算是团队有效沟通等。教学团队的价值观对教学团队教师有导向作用,会影响教学团队的伦理行为、承诺、沟通、合作、效率及绩效,并使教学团队的成员紧密地联结在一起。

(2)团队精神。与团队文化密切相关的另一范畴是团队精神,在第四章已经介绍过,具体表现在教学团队的凝聚力、相互信任感、协作观念、奉献意识和团队士气等,是教学团队能够取得高绩效的灵魂。

（3）行为规范。行为规范指的是一套基本得到大家认可并指导着教学团队成员行为的准则。这种规范与教学团队规章制度的不同之处，在于行为规范是非正式、不成文的。这些行为规范常常会非常微妙，以至于教学团队成员可能并没有意识到它们的存在，比如诚实、守时、情感表达方式、对待学生的态度等。但在做这些事情时会认定哪些事情是应该做的，哪些事情是不该做的，如弄虚作假、敷衍了事在教学团队中不被允许，诚实守信、和蔼可亲、积极向上是应该遵守的基本规则，就像走路靠右走、过马路要走斑马线一样成为日常生活中隐形的行为规范。

（4）共同愿望。共同愿望是教学团队文化能够形成的基础，有共同的愿望，才有可能达成共识，并共同遵守、维护和发扬。这些共同愿望可以是教学团队的目标（如提高教学质量），也可以是团队教师所共同想要的平等、民主、创新、挑战、互信、协作、沟通、高效、双赢或多赢等，从而衍生出创新文化、共享文化等文化内容。

三、培养教学团队文化的方法

事实表明，应用型本科院校优秀教学团队离不开优秀的团队文化。团队文化的建设是一个逐步演变、逐步完善的过程，贯穿于整个教学团队建设的始终，需要慢慢培养。

中国儒家文化崇尚"仁、义、礼、智、信"，西方文化崇尚"自由和民主"，文化不同没有对错，但会影响东西方人类的思想意识和行为方式，所以，由于各应用型本科院校教学团队种类和特点的不同，也应该培养属于自己的团队文化。

在《言行合一》（Practice What You Preach）这本书中，美国管理学家大卫·梅斯特给出了团队领导营造成功文化的基本要素。以下是其中的几种行为：

（1）若不有所为，即是大罪。
（2）希望所有人成功。
（3）积极帮助团队成员实现个人发展。
（4）允许团队成员尝试新技能，体验新事物。
（5）永远执行说出去的计划。
（6）坚信自己所说的目标。

(7) 永远不要居高临下对任何人说话，无论是高级员工还是初级员工。

(8) 当助力，不监视。

(9) 做得好时就表扬。

(10) 以身作则。

(11) 因材施教，不为一己所好进行管理。不用变成变色龙，只需要有所应变。

(12) 表现热情和动力，这种情绪可以感染他人，令人上瘾。

(13) 重视工作，别重视自己。

(14) 多在办公区转转，认识每个人。

(15) 定期宣传你的工作愿景、处世哲学，让员工知道你的立场。

(16) 让员工知道你也是人，不仅是他们的领导。

当然，在教学团队中，可能会有一些与上述企业文化不同的条款，可由教学团队带头人首先提出再在团队教师中进行强化或调整。

以下是"建筑专业基础"应用型教学团队文化的培育方法，一般都由教学团队带头人负责执行，可以供大家参考。

"建筑专业基础"应用型教学团队的文化可以凝练为"立德树人、和谐合作、民主平等、创新专业"的十六字方针，这十六个字体现了教学团队的价值观、团队精神、共同愿望和行为规范等。

1. 团队价值观标准的确立

培养教学团队文化，首先要树立教学团队的核心价值观，具体可以按以下步骤进行：①从教学团队成员的个人价值观入手，询问每一位团队教师在其心目中什么最重要，是非观如何，找出每个人都认可的项目，并把这些项目一一列举出来；②看看哪些观点能被多数团队教师所接受和采纳，找出个人、团队、教师行业三种价值观标准中相关一致的核心部分，从而确定教学团队价值观，并帮助团队教师接受并最终赞同这些价值观的内容；③对既定的教学团队价值观进行宣传，将价值观标准贯彻到教学团队每一天的工作中去。

对于"建筑专业基础"应用型教学团队来说，这些价值观包括立德树人、教书育人、爱岗敬业、无私奉献等。

(1) 立德树人。立德树人指的是坚持德育为先，通过正面教育来引导人、感化人、激励人；坚持以人为本，通过合适的教育来塑造人、改变人、发展人。真正理解立德树人的内涵和具体工作体现是将之纳入团队每一位教师价值观标准的重要内容。

首先要让每一位团队教师明确立德树人的内涵,要"立什么样德""树什么样人"。其次,如何把立德树人与教学工作结合起来,在课程教学中找到切入点,"怎么做"？①要坚持正确的育人导向,加强社会主义核心价值观教育,加强应用型理论知识和专业技能的教育;②把握正确的教育价值观,为每个学生提供适合的教育;③要聚焦人才培养模式的创新;④坚持完整的教育质量观,在坚持高学业水平的同时,加入特色、多样、选择和适合这样一些理念,构成相对完整的教育质量观。

(2) 教书育人。传道授业解惑,同时以自身的道德行为和魅力言传身教,引导学生寻找自己生命的意义,实现人生应有的价值追求,塑造自身完美的人格。

(3) 爱岗敬业。俗话说"教书育人,师德先行",师德中最重要的一条就是爱岗敬业。教学团队所有教师只有热爱教育事业、为人师表、兢兢业业,才能真正投入到各项教育工作中去,并潜心钻研业务,勇于探索创新,不断提高专业素养和教育教学水平。

(4) 无私奉献。让奉献成为教学团队教师心中的一种信念,以教学团队整体目标为追求,个人利益服从团队利益,在团队合作中发挥奉献精神;不斤斤计较个人得失,不嫉妒诽谤他人成绩;与教学团队成员资源共享,坦诚沟通,在团队整体业绩提升中实现个人价值。

2. 和谐合作的团队精神

(1) 以人为本的和谐理念。优秀的教学团队文化应该以人为本,以服务对象为中心,摒弃"以物为中心"的传统认识管理观念,赋予团队成员更多的职责,尊重每一位成员,充分考虑每一位成员的需要,使每一位成员都把自己的团队作为实现人生价值的一部分,充分发挥每个成员的积极性。建立平等的"学术对话"平台,使每个人的思想都能充分地发表并得到尊重,不论资排辈,不"行政领导学术",营造一种知识共享、平等宽松的和谐文化。

(2) 搭建良好的沟通平台,使教学团队内部进行有效沟通,消除不和谐障碍。

(3) 科学处理各种恶性冲突,建立互信、尊重、友好、和谐的工作氛围。

(4) 合作意识。在教学团队内灌输团队合作意识,使团队教师优势互补、协同工作是良好团队文化的又一体现。不仅使全体团队教师自身素质得到发展,还能为提高教学质量奠定基础。教师在团队内相互探讨教学问题、设计教学过程与教学方法,使教育教学质量的提高能真正得以实现。

3. 民主平等

教学团队中应尽量弱化领导角色,教学团队带头人更多的是担任组织、协调和他律的工作,同时也承担同样的教学科研工作,在待遇上没有岗位工资等特殊补贴,与其他教学团队成员处于平等地位,相互之间没有距离和隔阂,更利于教学团队工作的开展。

教学团队的目标、计划、规章制度、决策等由所有团队成员共同商讨,民主决定,不搞一言堂,不独断专行,真正做到齐心协力。

4. 创新专业

教学团队能不断地持续发展,实质就是不断创新。鼓励和推动创新,要在思想上敢于打破旧观念,创新教学、创新科研等。能够容纳不同的观点,支持在可接受范围内进行不同的改革和研究,百家争鸣,百花争艳,达到更全面的创新成果。同时,要允许失败,容忍错误,使教学团队成员都能保持创新的热情和动力。这种赞赏创新或者包含了对于成功的共同期望的规范,可以提高团队合作的有效性。

专业性是应用型本科院校教师的本质要求,要有专业的教学能力,也要有高水平的行业专门技术和能力,这就要求教学团队教师不断学习,努力达到"双师双能型"教师标准。

在"建筑专业基础"应用型教学团队文化建设过程中,其中的某些思想可能来自于教学团队带头人,也可能来自于某位团队教师,是他们把某些特定的理念和价值观清晰地表达出来并得到一致的同意和贯彻。而当这些理念和价值观使教学团队的某些工作获得成功后,它们就会得到规范化,此时,教学团队的文化便随之出现了。之后,再通过凝练,形成上述十六字团队文化口号,对内对外进行宣传,并在教学团队建设与管理过程中将这个文化植入所有教学团队教师的心中,潜移默化地影响大家的行为,使团队成员发挥各自优势,共同为团队的目标而努力。

第六章 应用型本科院校优秀教学团队的外部管理

本章主要通过"建筑专业基础"应用型教学团队的实例来阐述应用型本科院校优秀教学团队发展期外部建设和管理的方法,主要包括如何进行教学团队绩效管理和如何提高教学团队的外部保障两个方面。

第一节 进行科学合理的教学团队绩效管理

一说起教学团队的绩效管理,很多教师会认为就是对团队教师们的工作和成果进行绩效考核或绩效评估。其实教学团队的绩效管理指的是教学团队中教师的业绩和效率管理,是将教学团队的目标和团队成员的个人目标联系起来,以获得教学科研等业绩和效率的一种过程,是比较全面的管理过程,而不是简单的考核或者一个简单的管理制度。所以,我们常说的绩效考核或绩效评估只是教学团队绩效管理的一个组成部分。通过教学团队的绩效管理,主要目的不是要把团队教师排出第一、第二或最后一名,以此来进行奖励或惩罚,而是为了找出差距,分析问题和原因,制定下一步工作计划和工作方法,进而提高教学团队整体绩效和团队成员的个人绩效。

教学团队的绩效管理一般包括绩效计划、绩效实施与管理、绩效评估和绩效反馈四部分。

一、规划和制定教学团队的绩效计划

教学团队的绩效计划要与团队教师进行充分沟通,并能达成一致。通常在

绩效计划沟通之前,教学团队带头人与团队教师之间应该有以下共识:①在教学团队的绩效计划沟通过程中团队所有教师之间是一种平等的关系,是为了共同完成教学团队的各级目标而进行计划。②制定的工作计划和标准应充分听取和尊重大家的意见,特别是所在岗位教师的意见。③教学团队绩效计划的确定应该是民主的,不是教学团队带头人一家之言。当团队教师参与的程度越大,这些计划越容易被积极实施,完成的概率也越大,绩效管理的效果越好。④绩效计划沟通过程中不仅要在工作内容、工作目标和标准上达成一致,更要鼓励大家说出自己的顾虑,解除后顾之忧,增强实现绩效目标的信心。

下面以"建筑专业基础"应用型教学团队绩效计划为例,说明教学团队绩效计划的确立步骤。

(1)教学团队的绩效计划一定要与团队的目标结合在一起,这个目标是教学团队所有教师的共同追求,结合教学团队的目标制定的绩效计划才能保持正确的方向。"建筑专业基础"应用型教学团队的各级目标和任务见第四章第一节中图4-1。

(2)教学团队的绩效计划要根据每位团队教师的岗位特点和岗位职责来制定,筛选出团队成员对教学团队目标的实现有促进作用的工作行为或结果,能涵盖教学、科研或社会服务等方面,要有侧重点,而不是一刀切。在这一阶段一般要回答以下几个问题:绩效管理的对象有哪些工作任务?这些任务应该达到什么样的结果?在工作过程中应表现出什么样的典型工作行为?比如有的团队教师是负责教学研究,其绩效计划应该包括教研教改课题、教研论文、教学成果奖、教学资源开发等方面;而有的团队教师是负责教材建设的,其绩效计划应该包括教材研究、教材编写、教材获奖等;有的团队教师是负责社会服务的,其绩效计划应该包括组织学生竞赛、科技创新立项、各类竞赛获奖、专利发明等。

(3)确定教学团队工作的关键绩效指标。由于每位教学团队教师在团队中所承担的工作职责和要完成的工作任务往往是多方面的,在绩效计划沟通时,为使团队教师在随后的工作过程中目标明确,也为了后期进行绩效考核时重点突出,在绩效计划确立时最好能确定关键绩效指标。这些关键绩效指标应尽可能少而精,但要具有代表性,是最重要的指标,且一定是对整个教学团队的目标有增值作用和导向作用,而不是偏离目标的其他与教学团队无关的内容。在管理学上,确定关键绩效指标时有一个重要原则,即"SMART"原则。其中S代表的是Speifie,意思是指"具体的";M代表的是Measurable,意思是指"可度量的";A代表的是Atainable,意思是指"可实现的";R代表的是Realistic,意思是指"现实的";T代表的是Time-bound,意思是指"有时限的"。表6-1中列出了设定教学团队关键绩效指标的正确做法和错误做法,我们可以根据教学团队的实际情况和需要,依据表中的原则来做。例如,在教学工作方面,通常有"教学效果好"这样的指标,这个指标就属于抽象的、未经过细化的绩效指标,到底什么算效果好,最好能细化出像"课程成绩达成度满足专业认证要求0.7以上,学生评价调查表达成度0.8以上"的指标。关键绩效指标可度量性要求这些指标是可以数量化的,或者是行为化的。比如科研工作指标可以量化论文篇数、课题项数、横向到款额等;而有些工作的产出没有办法给出数量化的指标,那么就需要给出一些行为化的指标,比如教学组织无教学事故等。行为化的指标还体现在这些指标可以观察到,一些不能外显或不易被观察到的指标(比如教学工作态度要端正,态度很难衡量和验证),不宜用作关键绩效指标。在时限性的指标上,应该尽量避免使用"尽快""一段时期内"等模糊的时间概念,或"提高效率"等空泛的效率程度,应该给出清晰的时间限制及效率程度。

一般可总结为:针对具体教学科研任务,从数量、质量(或级别)、经费、时间四个方面界定量化指标;针对日常工作职责,常从关键行为发生的频率、上级或学生的满意度等方面界定行为化指标。

表6-1 教学团队关键绩效指标的正确做法和错误做法

原则	正确做法	错误做法
Speifie 具体的	切中目标 适度细化 随情景变化	抽象的 未经细化 复制其他情景中的指标
Measurable 可度量的	数量化的 行为化的 数据或信息具有可得性	主观判断 非行为化描述 数据或信息无从获得
Atainable 可实现的	努力后可实现 在适度的时限内实现	过高或过低的目标 限期过长
Realistic 现实的	可证明的 可观察的	假设的 不可观察或证明的
Time-bound 有时限的	使用时间单位 关注效率	不考虑时效性 模糊的时间观念

（4）确定每项指标的标准。教学团队关键绩效指标和绩效标准是两个不同的概念，绩效标准是指每个绩效指标应分别达到什么水平。一般有定量标准和定性标准两种，如科研论文要求达到核心、EI 或 SCI 检索级别等。

（5）确定每项关键绩效指标的权重或分数等级。根据教学团队中每项工作的重要性、难易程度等，由全体教学团队成员一起讨论决定。

（6）制订绩效计划时，不仅要在完成的工作任务、关键绩效指标、要达到的标准等方面达成一致，而且还要在每项任务完成的进度、期限、何时检查监督、支撑材料和信息如何收集等方面达成共识。

（7）教学团队绩效计划的确认。教学团队通过以上的绩效计划过程，由教学团队带头人负责与团队教师共同确定其工作计划的要点，填写绩效计划表并签字认可。这份绩效计划表可以作为团队教师在未来绩效周期内（一个学期或一学年）的工作指南，也是后期进行绩效考核和奖惩的重要依据。

表 6-2 是"建筑专业基础"应用型教学团队的绩效计划表。

表 6-2 "建筑专业基础"应用型教学团队的绩效计划表

序号	工作任务	关键绩效指标	要达到的标准（具体类别标在备注中）	完成时间（注明年月日）	责任教师	备注（填写要达到的标准类别或其他明细，如"在职攻读博士学位"）
1	教学团队结构建设	学历学位晋升	在职攻读硕士学位/博士学位/博士后			
		职称晋升	晋升高一级职称（如讲师晋升副教授）；晋升本职称高一等级（如副教授3级晋升为2级）			
		"双师双能型"教师	达到学校"双师双能型"教师必备条件；取得国家一级注册建造师、建筑师、岩土师、造价师、测绘师等资格证书；完成学校要求的工程与社会实践			

续表 6-2

序号	工作任务	关键绩效指标	要达到的标准(具体类别标在备注中)	完成时间(注明年月日)	责任教师	备注(填写要达到的标准类别或其他明细,如"在职攻读博士学位")
2	教学工作	更新教学内容/更新实验内容(实验教师)	采用最新规范/标准/工程软件/工程实例			
		教学方法和手段	线上线下结合; 项目化教学; 翻转课堂; 教考分离			
		教学效果好、无教学事故	课程成绩达成度满足专业认证要求 0.7 以上; 学生课程评价调查表达成度 0.8 以上; 同行听课评价 85 分以上; 学生网上评教等级良好以上; 教学事故按学校有关规定执行			
3	教学研究	教研教改课题	国家级/省部级/校级			
		教研论文、论著	教研论文(CSSCI、核心、普通期刊); 论著/编著/译著			
		课程建设/实验室建设(实验教师)	精品课程(国家级/省级/校级); 在线课程; 慕课; 微课; 实验课程改革/实验项目虚拟仿真(实验教师)			
		教学类获奖	讲课比赛(国家级/省级/校级); 校级教案评比; 教学成果奖(国家级/省级/校级)			

续表 6-2

序号	工作任务	关键绩效指标	要达到的标准（具体类别标在备注中）	完成时间（注明年月日）	责任教师	备注（填写要达到的标准类别或其他明细，如"在职攻读博士学位"）
4	教材建设	应用型教材编写	主编/副主编/参编			
		优秀教材	规划教材（国家级/省级/校级）； 精品教材（国家级/省级/校级）			
5	科研与社会服务	科研课题	纵向科研项目（国家级/省级/校级）； 横向课题（到款额）			
		科研论文论著专利	科研论文（SCI/EI/核心）； 科技论著； 发明专利/实用新型专利			
		指导学生科技创新与竞赛	各类科技创新立项与结题； 各类竞赛获奖； 各类创新创业教育成果			
6	运行与管理	参加教学团队例会	按时参会，并讨论发言			
		管理制度	参与各项管理制度的制定与修改完善，提出意见与建议			
7	其他特殊工作和任务					

注：本计划表由教学团队带头人和团队教师共同沟通交流后制定，只需填写有计划的内容，没有计划的不填写，需双方签字确认后有效。将作为教学团队教师的工作计划，以及后期绩效考核和评估的依据。

责任教师签字：　　　　　　　　　　　　　　　教学团队带头人签字：
　　　　　　　　　　　　　　　　　　　　　　日期：　　年　　月　　日

二、教学团队绩效实施与管理

根据教学团队的绩效计划，按选定的方式方法朝着既定目标进行工作，同时教学团队带头人对团队教师的工作进行监督、检查、指导、信息收集与评定等。

三、建立教学团队绩效考核评估体系

教学团队绩效考核评估体系建立的宗旨是帮助教学团队健康、有序地运行。绩效考核评估应建立在客观的标准上，科学合理并在不断实践中及时调整和完善。

1. 考核评估内容

考评内容要与教学团队的绩效计划一致，能体现团队教师各个岗位的主要工作，同时还应包括教师的日常工作内容和工作态度等，比如基础教学工作、团队日常工作、协作精神、敬业精神、工作热情、礼貌程度等，但要注意的是一些纯粹的个人生活习惯、行为举止、个人爱好等与工作无关的内容不要列入工作态度中。

2. 考核评估方法

根据考评内容的不同，考评方法也可以采用多种形式，以便有效地减少考评误差，提高考评的准确度。目前比较流行的 360 度评估方法，指的是在教学团队内由各个方面的人员对教师的表现进行评估，如个人自评、团队教师互评、团队外同行评价、上级考评等，这种多维度评估方法减少了个人意志在考评中的影响。

对绩效计划中列明的项目通常采取目标考评方法，而教师的日常工作内容和工作态度等可采用自评和互评，上级考评则可以包括所有内容。互评的方式在教学团队人数较多的情况下比较适用，而匿名互评可以减少教师间的猜疑，以免影响教学团队氛围。

教学团队考核评估结果宜用等级，表明团队教师绩效计划是否完成即可，不需要打出具体的分数。因为教学团队考核评估的目的更多的是对自身的检视，挂钩的激励措施也多为精神激励、目标激励、行为激励、关怀激励、民主激励等，物质激励较少，所以达到上述相关激励效果即可，重点是找到差距，制定下一阶段绩效计划和工作方法。

3. 制定考评制度

结合教学团队的绩效计划,在完成考评内容选取、考评方法选择及其他一些相关工作之后,就可以将这些工作成果汇总在一起制定出教学团队的"绩效评估制度"。有了"绩效评估制度",就代表着教学团队的绩效评估体系已经建立。"绩效评估制度"应该包括考评的目的和用途、考评的原则、考评的一般程序等方面内容。想要建立科学合理的绩效评估制度,有以下几点注意事项:①进行教学团队的目标分解和岗位分析,明确各岗位教师的重要职责和任务,确定关键绩效指标,制定出有效的绩效计划;②在评估开始之前,教学团队内部就具体的考评标准要展开充分沟通和交流,以达成一致;③应该尽可能地使用客观公正的数据;④如果要评估的是工作行为而不是具体成果,评估者应该有足够的机会观察被评估者的行为表现;⑤要记录阶段性工作绩效和平时行为;⑥对于评估的结果应该有反馈机制;⑦评估次数根据教学团队的实际情况,每年或每学期至少一次;⑧绩效评估制度应该标准化、正式化、可持续化,可根据团队实际情况进行修改与完善,但也应避免修改频率过高或变化过大导致相同工作成果考核结果相差太大而影响激励效果。

"建筑专业基础"应用型教学团队的绩效考核评估制度如下。

"建筑专业基础"应用型教学团队绩效考核评估制度

为了加强教学团队工作的计划性与执行力,激发团队教师的积极性,对团队教师的工作成果、工作能力和工作态度等进行客观评价,对教学团队进行科学的绩效管理,促进教学团队的有序发展,特制定本制度。

一、考评原则

考评内容与教学团队绩效计划和各岗位职责紧密关联,绩效考核以支持绩效目标实现的关键绩效指标、关键绩效事件为主。

教科研成果与相关行为是衡量绩效水平的唯一标准。以客观事实为依据,以考核评估制度规定的内容、程序与方法为准绳,考评力求公平、公开、公正的原则来进行。

二、考评时间

每年1月份进行上一年度工作的考评,成果、材料等截止时间为上一年12月31日。

三、考评程序

主要依据绩效计划完成情况、岗位日常工作情况和工作态度等进行考评。分为教师个人自评、团队教师互评、教学团队带头人评价和考核小组评价四部分。其中教师个人自评占10%、团队教师互评占30%、教学团队带头人评价占30%和考核小组评价占30%。考核小组由建筑工程学院领导、教学团队带头人和教学团队外相关同行教师组成。

四、考评指标及细则(见下表)

序号	工作任务	关键绩效指标	要达到的标准	关键绩效指标计划及完成情况	关键绩效指标考核等级	细则(若计划中无某项指标,则不考核)
1	教学团队结构建设	学历学位晋升	在职攻读硕士学位/博士学位/博士后	例如:在职攻读博士学位,已在读1年,学业成绩合格	合格	达到相关指标点阶段性要求为合格,否则不合格
		职称晋升	晋升高一级职称(如讲师晋升副教授);晋升本职称高一等级(如副教授3级晋升为2级)			晋升高一级职称(或本职称高一等级)为优秀,达到申报条件未被批准晋升为合格,未达到申报条件为不合格
		"双师双能型"教师	达到学校"双师双能型"教师必备条件;取得国家一级注册建造师、建筑师、结构师、岩土师、造价师、测绘师等资格证书;完成学校要求的工程与社会实践			被学校认定为"双师双能型"教师,或取得任一资格证书为优

续表

序号	工作任务	关键绩效指标	要达到的标准	关键绩效指标计划及完成情况	关键绩效指标考核等级	细则（若计划中无某项指标，则不考核）
2	教学工作	更新教学内容/更新实验内容（实验教师）	采用最新规范/标准/工程软件/工程实例			定期跟踪检查教学相关文件和随堂听课，根据结果评定
		教学方法和手段	线上线下结合；项目化教学；翻转课堂；教考分离			有相关实际课堂教学展示和支撑资料的评定为合格，否则不合格
		教学效果好、无教学事故	课程成绩达成度满足专业认证要求0.7以上；学生课程评价调查表达成度0.8以上；同行听课评价85分以上；学生网上评教等级良好以上；教学事故按学校有关规定执行			满足达成度、同行听课和学生评教要求且无教学事故为合格，一项不满足即为不合格
3	教学研究	教研教改课题	国家级/省部级/校级			根据计划立项或结题为合格，否则不合格
		教研论文、论著	教研论文（CSSCI、核心、普通期刊）；论著/编著/译著			根据计划发表相关论文为合格，否则不合格
		课程建设/实验室建设（实验教师）	精品课程（国家级/省级/校级）；在线课程；慕课；微课；实验课程改革/实验项目虚拟仿真（实验教师）			根据计划立项或结题为合格，否则不合格

续表

序号	工作任务	关键绩效指标	要达到的标准	关键绩效指标计划及完成情况	关键绩效指标考核等级	细则（若计划中无某项指标，则不考核）
3	教学研究	教学类获奖	讲课比赛（国家级/省级/校级）；校级教案评比；教学成果奖（国家级/省级/校级）			获得计划奖项为合格，否则不合格
4	教材建设	应用型教材编写	主编/副主编/参编			根据计划编写并出版教材为合格，否则不合格
		优秀教材	规划教材（国家级/省级/校级）；精品教材（国家级/省级/校级）			根据计划评选上优秀教材为合格，否则不合格
5	科研与社会服务	科研课题	纵向科研项目（国家级/省级/校级）；横向课题（到款额）			根据计划立项或结题为合格，否则不合格
		科研论文论著专利	科研论文(SCI/EI/核心)；科技论著；发明专利/实用新型专利			根据计划发表相关论文、论著或授权专利为合格，否则不合格
		指导学生科技创新与竞赛	各类科技创新立项与结题；各类竞赛获奖；各类创新创业教育成果			根据计划立项、结题或获奖为合格，否则不合格
6	运行与管理	参加教学团队例会	按时参会，并讨论发言			根据会议记录，除特殊情况请假外，按时参会，并讨论发言为合格，否则不合格

续表

序号	工作任务	关键绩效指标	要达到的标准	关键绩效指标计划及完成情况	关键绩效指标考核等级	细则（若计划中无某项指标，则不考核）
6	运行与管理	管理制度	参与各项管理制度的制定与修改完善，提出意见与建议			根据记录，参与各项管理制度的制定与修改完善，提出意见与建议为合格，否则不合格
7	工作态度	端正	愿意接受安排的任务；有协作精神/敬业精神/工作热情			根据实际工作落实情况，过程观察和记录进行客观评价。此项考核重在自评和他评找差距，不评定等级
8	其他特殊工作和任务					根据具体情况，召开教学团队全体会议，制定相关细则

说明：教学秘书按其岗位职责进行考核评估，对教学相关事务提供服务，不参与以上考核。

五、考评纪律

每位团队教师在自评、互评，教学团队带头人和考核小组教师评价时，必须公正、公平、认真、负责。

考评工作及支撑材料必须在规定的时间内完成和提供。

弄虚作假者，考评等级一律按不合格记。

六、考评反馈面谈

绩效考评反馈在绩效考评结束后由教学团队带头人与团队教师一对一面谈,内容包括团队教师的考核评估等级、取得的成绩和存在的不足。

绩效考评反馈面谈需按要求填写下列《"建筑专业基础"应用型教学团队绩效考评反馈面谈表》,记录的内容将作为团队教师下一步绩效计划和改进依据。

"建筑专业基础"应用型教学团队绩效考评反馈面谈表

考评反馈面谈召集人(教学团队带头人):	被反馈教师:
绩效计划完成情况及原因分析:	
改进措施及下一步工作计划:	
被反馈教师需求与支持措施:	
被反馈教师签字:	教学团队带头人签字: 日期:　年　月　日

第六章 应用型本科院校优秀教学团队的外部管理

七、考评仲裁

被考核教师对考评结果持有异议的,可在绩效考评结果反馈后三日之内向考核小组组长提出仲裁申请,逾期不予受理。

考核小组组长接到被考核教师的仲裁申请后,应在绩效考评结果反馈后7日内组织考核小组会议进行复核,并将复核结果再次反馈给教师本人。

本办法自公布之日起施行。

很多人看到上面的"建筑专业基础"应用型教学团队的绩效考评制度后,都会有一种感觉——考核评估细则太笼统,比如"对于科研论文评定细则是根据计划发表相关论文为合格,否则不合格",完全没有区分 SCI、EI、核心之间的难易程度,好像很不公平,会不会导致大家都不愿意努力发表高等级论文呢? 实际上,这恰恰是公平的另一种体现。因为应用型本科院校教学团队中教师本来就是技能互补,职称和年龄有一定梯队的,大家能力和擅长领域也不同,所以在制定绩效计划时就应该根据团队教师的实际情况制定合适的计划,不过高也不过低,而是满足团队教师的个人需求和职业发展。如果不考虑教师能力差异,所有教师都采用一样的标准,即便考虑大部分教师的水平,也可能造成对老教师来说目标达成太简单,而对年轻教师又遥不可及的情况。所以,真正做到分类分级计划和考评才是教学团队科学合理的绩效管理体系。

4. 评估偏见

没有任何一个考评制度可以堪称万能,通过集合各种评价来达成最后的考评结果,并不能消除某位评估者个人偏见对结果的影响。下面是几种常见的有可能影响评估质量的偏见或行为:

(1) 拔高偏见。拔高偏见通常是大家都不愿意对他人的表现评价过低,特别是朝夕相处的一个教学团队的成员之间,要么是因为不好意思,要么是害怕别人知道后对自己不利,为了避免可能带来的人际交往矛盾,评估者往往会对被评估者的评价拔高打分。

(2) 亲疏偏见。通常评估者都会对与自己关系好的团队成员作出更高的评价,而与自己关系一般的做中等,甚至低一级的评价。

(3) 光环效应产生的偏见。如果教学团队中某位教师曾经有好的成就(比如讲课比赛得了一等奖或者获得了学术拔尖人才称号),那么在评估时就会不自觉地对其工作有好的评估倾向。相反,如果某位教师曾经有不好的行为(比如教学事故或者偶尔的不合作),那么在以后的评估中也会影响其评估结果。

(4)评估交流媒介。在进行团队教师互评时,用匿名的书面评估效果会更可靠。如果采用具名书面评估、面对面的交流或会议表决等公开形式,则会使表现较差的人得不到真实的评价,而是获得比自己行为高得多的评价。

(5)互惠效应。360°评估法的一个潜在缺陷就是容易受到互惠心理的影响,比如"两个团队教师私下约定都给对方较高的评价"。

(6)从众效应。人们都喜欢从众、随大流,不愿意表现出特立独行或不合群,所以在教学团队评估时也会参照他人的评价意见随意进行不客观的评价。

(7)首因效应和近因效应产生的偏见。人们很容易受到他们对于某人的第一印象或者最近与此人交往留下印象的影响,印象好的就评价高一些,印象不好的评价低一些。

在教学团队绩效考核评估中,要克服这些个人偏见没有简单的解决办法,特别是教学团队规模一般都偏小,不像大型公司会有专门的人事管理部门进行统筹规划和专业培训,所以最有效的办法是在绩效考核指标选取时只采用一些客观的、容易衡量的成果或行为,尽量减少隐性的、不易衡量的指标。

四、注重绩效反馈

很多教学团队在进行绩效考核后,根据结果进行奖励后就存入档案了,根本没有反馈这个步骤。实际上,绩效反馈是教学团队绩效评估中至关重要的一个环节,其重要程度甚至超过了绩效评估本身。因为通过教学团队评估结果的反馈(教学团队带头人与团队教师一对一面谈),团队教师可以知道自己的成绩和不足,进而有针对性地进行改进和调整。同时,通过反馈,教学团队带头人和上级领导也可以了解团队教师对绩效评估结果的看法和要求,有目的地进行激励、支持、指导和鞭策。

我们在实践中发现,在绩效评估结束后,团队教师们的心情都会久久不能平静,特别是那些担心绩效评估结果会对自己不利的教师,会有挫败感,觉得在团队中没有发挥大的作用,也没有得到好的回报,如果不能及时指导其正确面对评估结果,有效分析造成这个结果的原因,及时鼓励其改变方法继续努力,那么接下来将会打击其工作的积极性，以后工作更难有进展，甚至影响整个教学团队的士气。如果真是这样，那么教学团队进行绩效评估的目的和作用将大打折扣。所以，组织一次成功的绩效反馈，面对面地找出差距，分析问题和原因，制定下一步工作计划和工作方法，进而提高教学团队整体绩效和团队成员的个人绩效，使之对绩效评估起到积极的促进作用是不错的方法。

在进行绩效反馈时，一般要把握以下原则：

（1）明确分析考核标准中做得好的地方和不足之处。

（2）反馈要指向教师们可控制的行为。比如对某位团队教师国家级或省级课题没有立项进行反馈面谈，希望其更加努力下次一定拿到课题，那么这个反馈就没有意义，完全是浪费时间。因为课题立项这个行为往往依靠上级部门的审批，不以教师个人意志为转移。但是如果是针对团队教师论文没有发表这项进行反馈面谈，教学团队带头人或上级领导就可以详细分析是由于论文质量不高，还是由于投稿晚了，审稿时间过长导致的在规定日期前没有发表，再进一步指导其重新制定计划，保证下次能顺利完成。

（3）反馈要对事不对人。绩效考核结果的反馈只针对工作本身，而不是强调其没有努力工作、没有用心等，让团队教师感觉受到指责而产生抵触情绪。

（4）反馈前，让团队教师提前明确面谈的目的，只是总结工作，展望未来，打消其疑虑，使他们能积极地参与进来。

（5）绩效考核结果反馈时，要鼓励团队教师自己开展分析和计划，得出改进的方法和措施，而团队带头人或上级领导做好倾听者和引导就足够了。

（6）反馈气氛要友好，尽量不要批评，避免对立与冲突。因为教学团队中教师间没有行政级别的高低，处理任何问题时最好都是商讨和平等友好的对话形式。如果教学团队带头人以领导者的姿态或口吻指责某位团队教师没有完成计划目标，很容易产生冲突，影响团队的和谐发展。

（7）要注重解决问题，制定下一阶段目标。

第二节　教学团队外部支持与资源保障

应用型本科院校优秀教学团队是应用型本科院校的重要组成部分，是提高教学质量，保障教学改革顺利进行的基层教学和学术组织。因此，一支高效、优秀的教学团队外部支持与资源保障是其存在和建设的必要条件,只有在学校政策上允许,在资金、资源、设施设备等各方面给予支持,才能确保其团队活动有序开展。

一、加大应用型教学团队的建设力度

应用型本科院校要通过不断学习交流,认真领会国家中长期发展思想,立足地方产业特点,面向行业需要,根据学科或专业的优势顺序,先后建设应用型教学团队;要敢于发现和承认自己的短处与不足,在"零"中求突破,知耻而后勇,加大力度建设应用型教学团队;要整合资源,从已建的校级应用型教学团队中遴选出优秀的推荐申报省级优秀教学团队,再通过建设,从省级当中遴选出更为优秀的推荐申报国家级优秀教学团队;要把建设应用型教学团队作为培养一流应用型本科人才的核心工作,加大政策扶持力度,坚持不懈,放眼长远。

二、制度和资源支持与保障

改善高等学校的制度环境,使教学团队得到一定的制度保障,是鼓励教师组建教学团队,充分发挥教学团队作用的重要前提。

(1) 应用型本科院校应专门制定教学团队选拔方案,设置相应的条件,定期选拔立项教学团队。

(2) 应该建立起教学团队之间、教学团队与学校职能部门之间的信息资源共享机制,使教学团队在建设和发展过程中能方便、快捷地通过官方渠道获得交流和协作。

(3) 应用型本科院校可筹建由学校相关领导、学术权威、教学名师等参与的教学团队规划指导小组。小组的主要任务是制定全校教学团队的发展方向、政策指导、制度支持等。

(4) 创新学校管理体制。目前,我国应用型本科院校一般是以行政权力为主导的层级管理模式,学术权利相对较弱。这种模式虽然有利于统一指挥和提高决策效率,但不利于教学团队的积极性,同时也削弱了教学团队的自主性与独立性。在调研中我们发现,很多教学团队既有行政负责人又有学术负责人,或者干脆带头人就是行政领导,在团队管理中很容易权责不明,产生"双重领导"和混淆边界的现象。因此,要改革和完善学校内部的权利配置模式,确立行政权力与教学学术权利适当分离的原则,确保教学团队教学和学术权利的地位,尊重教学学术权利的存在。例如,教学团队在完成教学工作的过程中,教学内容和进度的安排、内部考核的权利、淘汰不合格人员的权利等,皆由团队自己作出决定。同时,学校管理层要转变管理观念和工作方式,变发号施令者为团队服务者,使教学团队真正成为教师队伍建设的实践基地,从而切实提高本科教学质量。

(5) 建立各种教学团队管理制度。合格的应用型教学团队,必须具有团队成员遴选制度、绩效考核制度、考核评价制度和经费保障制度。成员遴选制度是为了实现优胜劣汰,保证团队成员的先进性;绩效考核制度是为了实现优劳优得、多劳多得,保证团队成员的优越感;考核评价制度是为了落实团队及成员责任,保证团队的健康发展;经费保障制度是为了提供团队的建设经费,保证团队的建设平台和发展空间。

(6) 支持教学团队建设中的各种改革措施。在教学团队各项工作中,为了提高教育教学质量,经常要对教学内容、方法、手段等进行研究和改革。如在"建筑专业基础"应用型教学团队《计算机辅助制图》课程改革中,有一项是与教育部信息中心合作进行 CAD 应用能力证书的培训与考试,如果条件成熟,可以采用考证成绩代替课程成绩,这就需要学校的认可与支持才能真正实行。再如,在进行 CDIO 项目化教学时,学生是分组合作进行,课程成绩是过程化测评,不像传统课程采用期末考试的试卷评分,也需要学校的充分肯定与支持才能实现。

(7) 应用型本科院校优秀教学团队在建设过程中需要各种资金、设施设备、场所等,都需要学校、学院、系部的大力支持。如教学改革所用的软件、模型、实验材料、教具,甚至是新的设备、办公用品、消耗品等。同时,在教学团队中的各种激励措施所涉及的培训、拓展、访学、国际会议等也都需要学校层面的安排和优先支持。

三、"双师双能型"教师培养

1. 要制定学校层面的"双师双能型"教师认定管理办法

一般应包括:

(1) "双师双能型"教师认定范围,如哪些种类的教师可以申请,专业、工作年限、年龄等。

(2) "双师双能型"教师认定等级及所需条件。是笼统的只有一个等级,还是分高级、中级和初级,每一级别所要满足的工程条件是什么,都需要列明。比如需要哪种职业资格证书,或在企业第一线从事本专业实际工作年限,或者是参加过哪些种类的培训等。

(3)"双师双能型"教师认定时间及程序。

(4)"双师双能型"教师认定组织机构。

(5)"双师双能型"教师的工作职责。

(6)"双师双能型"教师管理与考核。

(7)"双师双能型"教师聘期及待遇。如福利津贴有所提升,评职称时优先推荐,外出考察、访问、培训和学术交流时优先选派等。

通过具体的管理办法选拔、聘用、指导、考核"双师双能型"教师,提高全体教师向"双师双能型"教师靠齐的积极性。

2. 提供条件帮助教师达到"双师双能型"标准

一般可以通过在职培养与企业挂职相结合,国内培养与国外培养相结合,短期培养与长期培养相结合的方式进行。

(1)在职培养。充分利用学校现有资源,加强"双师双能型"教师培养。如依托校企合作基地、大学生科技创新、各级各类竞赛、企业横向课题等,不断提高教师解决专业实际问题的能力;邀请行业(企业)专家或技术人员到学校为教师进行系统的专业技能培训;鼓励教师参加国家行业特许的资格培训,并取得相应资格证书,如国家一级注册建造师、建筑师、结构师、岩土师、造价师、测绘师等资格证书。

(2)到企业顶岗实践。鼓励教师主动到相关企业或科研机构的一线岗位进行顶岗实践,期限不少于半年。

(3)短期培训。选派具有潜力的中青年教师骨干及教学团队成员参加相关行业组织的专业技能培训。

(4)国内高校培训。每年选派一定数量优秀教师到国内相关高校进行专业技能进修和学习。

(5)境外培训。充分利用学校中外合作办学项目和教师个人资源,依托国家、省、校三级留学基金项目,每年选派一定数量的优秀教师到境外高校进行访问学习。

第七章 应用型本科院校优秀教学团队的发展策略

应用型本科院校优秀教学团队的建设是一个长期、持续发展的过程,可通过学习型和创新型导向、知识共享、动态管理等发展策略,增强团队的活力、主动性和可持续性,保证团队的良性发展。

第一节 建设学习型教学团队

一、学习型教学团队的概念

关于学习型团队的概念,因为研究领域的不同而有很多不同的观点。美国哈佛商学院的 David A. Garvin 教授认为:"学习型团队是指善于创造、获取和传播知识,并以新知识、新见解为指导,勇于修正自己行为的一种团队"。

台湾学者吴明烈认为:"学习型团队的基本观念是团队进行学习和团队促进学习,一般应具有有效的学习途径与具体措施、终身学习的习惯、激发个人生命潜能并提升人生价值、形成良好的团队气氛与文化、促成团队持续发展五大要素。"

大陆学者张声雄则结合我国国情,提出学习型团队应具有六大要素,包括:①拥有终身学习的理念和机制;②建有多元回馈和开放的学习系统;③形成学习共享与互动的团队氛围;④具有实现共同目标的不断增长的学习力;⑤工作学习化使团队成员活出生命的意义;⑥学习工作化使团队不断创新发展。

综上所述，我们认为，一个学习型教学团队，应该是指通过健全的学习机制和措施，让教学团队中的学习功能能够有效发挥，使得教学团队能够创造、维持生存的竞争力，同时教学团队和团队中的教师也因此而活得更有价值和意义。

二、学习型教学团队的特征

学习是一种自觉、主动、积极、持久的行为，是个体行为发生改变的过程。学习型教学团队的特征可以用七个 C 来表示：持续不断地学习（Continuous）、亲密合作的关系（Collaborative）、彼此联系的网络（Connected）、集体共享的观念（Collective）、创新发展的精神（Creative）、系统存取的方法（Captured and Condified）、建立能力的目的（Capacity building）。

相对于学习的一般意义而言，学习型教学团队的学习是新知识建构的动态过程，团队成员通过知识分享、概念讨论以形成新建构知识，再将这个结果传播出去，或是进行反省、修正，重新建构知识，是教学团队持久竞争力的根本解决方案之一。一些研究结果表明，教学团队学习不但对团队有效性有重要的影响，而且对教学团队绩效、知识创新及团队发展的影响也不容忽视。

1. 强调在所有层次上的学习

（1）强调"全员学习"。即教学团队的所有成员都要全心投入学习，尤其是教学团队带头人，除了进行思想政治学习、专业知识学习、工程实践能力的学习，还应进行教学科研能力、沟通交流技巧和管理能力的学习和积累。

（2）强调"团体学习"。即不但重视个人学习和个人智力的开发，更强调教学团队成员的合作学习和群体智力（团队智力）的开发。通过良好的沟通平台，开展多样的学习活动，使团队教师能互相学习、互为补充、教学共长，将学习与工作融为一体，在团队中形成浓厚的学习氛围，带动每一位团队成员的学习积极性，提高每一位团队成员的知识创新能力，进而提高团队成员的个人绩效乃至整个团队的绩效，使个体与团队和谐共进。

（3）强调"全过程学习"。即学习必须贯穿于教学团队运行的整个过程之中，通过各个阶段、各个环节的学习，逐渐形成团体性的相互依存和共同发展。

2. 强调与工作相结合的学习

（1）工作学习化。就是把教学工作过程看成是学习的过程，教学和科研的每一个部分都是学习新知识、新技术、新思想、新方法的过程。

（2）学习工作化。使学习成为每天工作的一部分，像工作一样对学习提出计划、要求和目标，并及时进行检查、督促、指导和考核。

3. 强调产生变革的学习

学习型教学团队强调"学"后必须有新行为，如解决专业难题、改革教学方法和内容、采用新教学手段、开发新教学资源等。

三、学习型教学团队学习的内容

一提到学习，很多人会认为"学习就是读书，学习就是上学，学习就是培训"，实际上学习的方法和内容有很多，就教学团队来说，学习一般包括个人学习、团队学习、标杆学习和电子学习等。

（1）个人学习。指教学团队成员以个人为主体进行学习活动，主要来自于教师个人发展与学习的需求驱动，通过自主学习和主动学习来丰富自身专业理论和实践知识、增长个人见识、提高职业能力、改善心智模式等。

（2）团队学习。指的是以团队为主体，而不是以教学团队成员个人为主体进行学习活动。当然，团队学习并不排斥个人学习，并以个人学习为基础，但更强调团队的集体学习。在学习过程中更强调合作互助，以教学团队的目标为导向，以教学团队的总体绩效作为激励，使教师个体学习者在教学团队活动中发挥所长、尽己所能，得到最大限度的团队共同发展。教学团队学习的内容除了集体探讨教学工作有关的方面外，也包括团队理论知识、团队目标管理、团队规章制度、团队沟通和冲突处理方法、团队文化建设等，使教学团队教师能更深入了解教学团队建设的全部内容，全方位参与进来，为教学团队的发展献计献策。

（3）标杆学习。标杆学习指教学团队成员将自己的行为同团队内外的典范或规章做比较，找出差距，并借鉴他人先进经验以改正和提高自身行为的学习。一般包括榜样学习、内部标杆学习、外部标杆学习、行业标杆学习等。

（4）电子学习。是指通过现代化的技术手段和方式进行数字化学习，如网络、多媒体、远程学习等。

四、建设学习型教学团队的方法

应用型本科院校优秀教学团队带头人要采取一定措施鼓励和推动教学团队内的各种学习。

1. 创造不断学习的机会

通过有效地安排各种形式的学习,为团队教师提供持续学习的途径。

(1) 教学团队带头人要经常提出问题,引导团队教师以问题为导向进行学习。

(2) 制定合理的个人和团队目标,督促团队教师以目标为导向进行学习。

(3) 定期组织教学团队的集体学习,为团队教师之间的交流与学习搭建平台。

(4) 鼓励教学团队与其他团队互动,积极向其他团队学习,借鉴其他团队好的经验和方法,以完善自身团队的知识和管理体系。

(5) 加强教学团队与社会各界的交流,特别是行业相关的政府和企事业单位的沟通联系,密切关注行业政策变化、专业需求和技术升级等信息,及时进行学习,保持教学团队工作的前沿性和应用性。

2. 构建学习型团队的学习模式

学习型教学团队要积极转变思想,摒弃传统学习中被动学习模式,或者只有在外部激励下才学习,学习只局限于某个短期利益,甚至学习后并不产生作用等不利于学习的因素,构建教学团队主动学习、教师个人内在激励、多样化分享、系统思考、终身学习和即学即用的学习新模式,形成浓厚的学习氛围,凝练出工作即学习的团队文化。

3. 促进教学团队的探讨和深度会谈,鼓励共同合作

建立民主、自由的教学团队沟通制度,通过探讨和深度会谈促成教学团队中个人学习和团队学习的联系,通过一起思考,学习共同合作的方法,达到 $1+1>2$ 的团队学习高效能。

比如"建筑专业基础"应用型教学团队所建立的"从过去和当前的工作中学习"的模式就具有一定的参加价值,具体包括:

(1) 事前论证活动。在每项任务开展前,召开事前论证活动,包括团队中所有参与和不参与该项任务的教师都需要参加,由任务参与的教师汇报任务的计划、实施方法和预期目标,再由全体教师对各项内容进行商讨分析、论证其可行性,或提出疑问,保证任务有好的出发点,也有好的终点。

(2) 过程监控活动。是教学团队引导学习过程,进行交流反馈的重要活动。因为教学科研工作中,团队教师难免遇上困难,面临危机,这种过程监控活动极有利于教学团队带头人与各岗位教师间互通有无,改变心智模式,达到团队学习的功效,引导教学团队朝着更好的做法迈进。

(3) 事后分析活动。对完成的工作进行事后分析,最好撰写事后分析报告,阐述某项工作或任务中做得好的地方和不足之处,得出某些工作的经验或教训,在教学团队中公开发布,互相学习或引以为戒。

4. 通过量化的标杆而学习

(1) 可以在教学团队内部树立各方面的榜样,如评选团队教学之星、科研之星、合作之星等让团队教师进行榜样学习。

(2) 在教学团队中对具体工作设立测量标准和衡量基准,并把它作为一种信息反馈系统用以帮助团队教师之间共享信息,一起改进,达到共同学习的效果。比如"建筑专业基础"应用型教学团队对课程教案的测量标准包括课程主要内容、目的与要求、重点难点、教学方法与手段、知识点归纳、教学情况小结等内容,对每一项内容有通用的衡量基准(内部标杆),对于每一位团队教师的教案都按上述标准进行衡量,是否低于基准,抑或是达到优秀。通过标杆学习,使团队教师较容易达成共识,并找到问题的根源。

5. 建立学习及学习共享系统

创建学习型教学团队,可以建立学习平台或学习共享系统。比如"建筑专业基础"应用型教学团队,如果有教师遇到解决不了的问题,就公布在教学团队QQ群中,很快就会从其他教师那里获得解答。另外,针对大家都需要的资料、信息也会分门别类上传到工作群的共享文件夹中,供所有团队教师下载、使用和学习,比如各种行业规范、标准、规程,甚至是个人调研成果、PPT模板,使教学团队教师在学习中更多地分享一切成果,以达到标准化和共同进步。

第二节　建设创新型教学团队

创新是指改造或创造新的事物、方法、元素、路径、环境等，并能获得一定有益的效果，可以是产出了全新的事物，也可以是旧的事物以新的形式出现。在教育教学领域，创新型教学团队意味着不墨守成规，以提高教育教学质量为目标，勇于在教育教学思想、培养方式、教学内容、教学方法和手段、科学研究、成果转化、社会服务、管理运行等方面进行创新，并培养学生创新意识的教学团队。

一、教学团队创新的内容

教学团队的创新一般包括教育教学思想创新、教学内容创新、教学方法和手段创新、专业技术创新、管理创新、组织创新、制度创新等内容。

1. 教育教学思想创新

创新是教师主体对外界的一种自我适应能力，要想更好地发展，就要不断地自我改变、自我创新，以适应外界的变化。在各种形式的创新中，最艰难的往往不是技术、手段或方法的创新，而是思想观念的创新。教学思想创新作为首要因素，是把不可能变成可能的关键。比如我国古代孔子的教育思想是"因材施教、有教无类"，老子的教育思想是"无为，顺其自然，合乎天理，顺应学生的成长规律"，我国近现代的"德智体全面发展"，当代的"素质教育"等，都体现了教育思想的变迁。应用型本科院校也应该遵循高水平应用型人才必须具备"工程实践能力、综合应用能力、创新创业能力、持续发展能力"的新要求，不断提升和转变教育教学思想，培养创新应用型人才。

2. 教学内容创新

随着行业的发展，理论知识的更新和专业技术的革新，教学内容一定要紧随其后及时进行创新，把最先进、最前沿的内容教授给学生，以提高其社会适应能力，走上工作岗位后能尽快上岗，不脱节，不断层。

3. 教学方法和手段创新

随着信息和网络技术的快速发展，传统课堂黑板一块、粉笔一支的教学方法已经满足不了需要,此时教学团队要及时开发新方法、新手段,如案例化教学、项目化教学、体验式教学等新方法,采用板书＋PPT、线上＋线下课堂、翻转课堂、微课、慕课、直播课堂、雨课堂等新手段,不仅增加了课堂的多样性、趣味性,也可拓展更多的课外知识,达到多重效果。

4. 专业技术创新

科学技术的发展对整个人类社会的发展和进步扮演着举足轻重的角色,科技创新能力的强弱直接影响到国家经济发展的综合实力。而高校是知识创新和技术创新的源头,蕴藏着丰富的科技资源和人才资源,特别是应用型本科院校,区别于普通高校的理论研究,更偏重专业应用研究,是专业技术创新和科技成果转化的主力军。所以,应用型本科院校优秀教学团队在教学的同时,团队教师的另一大任务应该是进行专业相关的科学研究,对行业新技术、新材料、新产品等进行创新。

5. 管理创新

管理创新是行为效益的手段性创新,教学团队的内外部管理有了创新,才有了不断前进的技术保障。只有正确把握教学团队自身的条件与特点,根据环境的变化进行管理理念、管理思想、管理方法、管理手段和管理体制的创新,才能真正保障应用型教学团队的良性持续发展。

比如转变管理思想和观念,将纵向行政管理模式变为扁平化或网络化团队工作模式,使教学团队所有教师处于平等位置,采用民主自由的管理方式,把教学团队带头人由领导者变为团队指导者、合作者和服务者,与其他团队教师一起协作,为达到共同目标而共同努力奋斗,有好的团队文化和向上的团队精神,这就是管理的不同,是创新。

二、教学团队创新的方法

教学团队创新的过程,就是创造性思维的过程,同时伴随着创造性活动。创造性活动的完成(即创造成果的取得,创造性产物的形成)一般来说包括准备期、酝酿期、豁朗期和验证期四个阶段。比如想要创造高强度、低渗透性的水利工程用混凝土新材料,首先需要一个相当长的准备期,搜集必要的知识、资料,研究参考大量文献和实验数据,准备和筹集从事创造所需的实验材料、设备等;

然后,对如何提高强度、降低渗透性进行周密、全面、反复的思考,不断进行配合比和外加剂调整、试块制作、养护、实验和数据分析;之后,还要解决关键问题,使创造性产物初步形成,满足实验室基本要求;最后,根据实际工程条件,进行完善、调整、发展、提高,形成完整的创造性成果,能够真正进行成果转化,用于生产建设。

1. 鼓励教学团队成员积极创新

鼓励教学团队成员多接触新思想、新技术,并积极将外部创新移植到教学工作中,如通过培训掌握新型课件制作技术、新型课堂技巧,结合自身的课程进行改进优化创新,并可通过评比激励团队教师相互交流、共同提高。

2. 组建创新小组

组建教学、科研创新小组,由专门的教师负责开发教学课件、教具、方法和手段,或者研究某个技术难题,得到的创新成果在全教学团队内部,乃至全校、全行业推广使用。

3. 在教学团队工作中推行利于创新的工作方法

为了有效地激发创新,在教学团队工作中可以采用头脑风暴法、鱼骨图分析法、辐射法等。

(1)头脑风暴法。头脑风暴法是当今最负盛名、最实用的集体式创造性解决问题的方法。俗话说"三个臭皮匠赛过诸葛亮",头脑风暴就是教学团队中一种群体创造性会议。在会议中,围绕事先确定的主题,让团队教师展开发散性思维,随心所欲地表达任何想法。不论想法多么奇怪、不可思议或不着边际,不批评任何想法,也不过早下结论,只要求团队教师产生尽可能多的想法,特别是鼓励建立在他人想法之上进行改进的想法。头脑风暴过程中,会议氛围不需太拘谨,可以疯狂一些,只是针对主题抛出新想法,可以大幅度提高团队成员想法的数量和质量,也就提高了找到解决问题好办法的可能性。同时,教学团队中一个人产生的想法是能产生协同效应而激发其他人想法的,这也被称为"认知激励"。所有团队教师通过一连串的认知激励,互相激发更多的创新想法,往往使团队收获的想法远远大于教师个体单独想法的总和。

(2)鱼骨图分析法。鱼骨图分析法又名因果分析法,是一种发现问题"根本原因"的分析方法,由于这一方法的技巧颇似鱼骨架的形状,故称为鱼骨图分析法。鱼骨图通常由一个结果(或问题)及其一系列原因组成,其中鱼头代表结果(或问题),鱼身代表导致结果(或问题)的原因。常用于教学团队任务或目标规划时,分析工作中各方面因素。比如针对"课堂学生抬头率不高"的问题,就可以绘制如图7-1所示的鱼骨图。

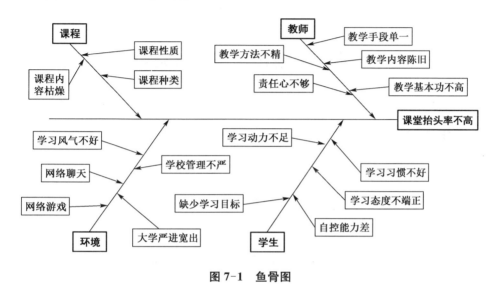

图7-1 鱼骨图

做完鱼骨图后,大家可以分头行动,对于找到的主要原因去做验证和深入分析,以确定我们找到了真正的主因。鱼骨图分析法简洁实用,比较直观,当深入层次足够多时,可以反映所研究问题的各个侧面,有助于了解问题各部分之间的关系,揭示出各部分的相对重要性。此外,这种方法还有助于使人养成从整体情境审视全局的思维习惯。

(3)辐射法。辐射法是指以"核心思想(问题)"开头,向四周扩展开去,获得一系列环绕核心思想(问题)的辐射状辐条,而这些辐条又是下一级辐射的核心继续辐射扩散,从而深层次地挖掘出问题的原因和解决方法。比如,想要讨论教学团队中存在的沟通问题,就可以将"教学团队中存在的沟通问题"作为辐射中心,通过充分讨论找到围绕其周围的八个原因:①团队沟通氛围不好;②团队合作意识不强;③团队竞争激烈;④缺乏相应的沟通制度;⑤聚在一起的机会很少;⑥教学团队带头人缺少倾听;⑦决策体制不民主;⑧团队教师间缺乏信任等。然后,再依次将这八个原因各自作为核心思想,重复辐射出下一级原因。

比如由"决策体制不民主"可引发出如下想法:①需要明确团队带头人的职责和权力范围;②建立沟通制度;③让全体团队教师都参与团队事务,避免独断专行或一小部分人起决定作用;④列举以前由于决策不民主造成的损失;⑤减少权力等级,建立扁平化结构等,在逐步辐射过程中细化并深入分析问题,找出教学团队中引起沟通问题的真正原因,再逐个去解决。

第三节　建设虚拟教学团队

随着科学技术的进步和发展,先进的多媒体网络、信息通信技术被普遍应用,虚拟教学团队也应运而生。特别是针对跨学科、跨领域综合型教学团队而言,建设虚拟教学团队更是大势所趋。如应用型本科院校优秀教学团队中要求的"双师双能型"教师,或者是教学团队任务中需要的某领域专家学者,都可以通过虚拟教学团队的形式吸纳学校外部人员加入,不纳入编制,不受工作场所限制,不受工作时间约束,随时随地通过电话、传真、邮件、视频等方式交流合作,以求达到某个共同目标。

虚拟教学团队可以由任务暂时组合,任务完成后解散;也可以长期存在,进行长远目标的共同合作。

虽然虚拟教学团队在选择优秀人员上非常有优势,但虚拟教学团队中出现的矛盾和非虚拟教学团队中的同样重要,甚至虚拟教学团队的"过程矛盾"更胜于非虚拟教学团队,而且由于不容易被及时发现或及时解决,矛盾冲突非常明显,合作性也不如非虚拟教学团队紧密。其中运行过程中最大的障碍是不能每天面对面的交流,只能用通信设备隔空传递消息。如何能很好地凝聚众人的努力,如何能真正高效地合作,是建设虚拟教学团队必须解决的难题。实践证明,虚拟教学团队想获得成功,需要考虑以下三方面的因素:

(1) 各团队成员地理位置上的相关性。是否容易安排经常性的面对面交流,特别是虚拟教学团队组建初期,需要团队成员间相互熟悉,简单的了解各自的工作方式方法等,以便更好地协作。

(2) 面对面交流的时间要足够。短期的参与,长达数天甚至数月的临时任务能与现实空间合作,而不是一直的虚拟空间合作。

(3) 技术和设备支持的程度。是否配备先进、充足的远程工作和交流设施设备、是否有网络技术支持都是虚拟教学团队正常运行的必备条件。

"建筑专业基础"应用型教学团队在建设虚拟教学团队中尝试经验如下：

（1）根据教学团队各阶段任务，确定是否成立短期虚拟教学团队。比如在某个阶段需要引入 BIM 技术，可以有两种选择：一是聘任 BIM 技术公司专业人员为兼职教师，组成虚拟教学团队，通过远程技术对教师和学生进行培训和网络授课；二是团队教师进行学习，达到课程要求后再进行授课。分析两种选择的投入和产出，可行性以及性价比后，决定用第二种方案，也就是不必组建虚拟教学团队。再如教学团队针对结构设计的专业技术研究中，由于团队教师缺乏相关的行业尖端技术，则必须邀请企业专家加入该目标实施，此时就可以建立短期虚拟教学团队，在企业专家的帮助指导下完成相关任务。

（2）虚拟教学团队的工作必须以团队目标为导向，要保证在自愿遵守教学团队规章制度和努力达成团队目标的基础上聘用远程队员，并且虚拟教学团队中本地成员与远程队员应处于平等、民主的地位，不偏向远程队员。

（3）对外聘的虚拟教学团队成员要签订合同，并规定好权利义务，包括参加虚拟教学团队活动的时间、频次、时长、质量、知识共享程度、达到的效果、报酬等。

（4）为每一位外聘成员配备专门的团队助理，避免由于教学团队与专家间的信息不对称、交流不及时带来的诸多弊端，由助理全权代理各行政性事务。

（5）保证虚拟教学团队中远程队员的沟通交流顺畅。措施包括：在虚拟教学团队成立时，安排面对面的团队例会；为虚拟教学团队配备一个专门的工作场所，方便远程团队成员短期驻队工作；确有需要时，安排助理上门服务，而不是远程队员频繁奔波等。

（6）先尝试短期临时虚拟教学团队，再探索长期虚拟教学团队的建设和管理方案。

第四节　健全教学团队的知识共享机制

知识共享是应用型本科院校教学团队成员间相互交换知识、谋求知识创新的过程，是知识流动的结果。知识的来源通常可以分为内源和外源，知识内源是教学团队成员具有的学科背景、专业技能、教学经验和项目成果等。知识外源是教学团队与外部环境间有关的政府政策法规、学科前沿信息、知识应用市场和竞争对手情况等。

团队和团队之间,以及团队和企业、政府、社会组织之间也存在着知识流动和共享。团队和团队之间,特别是交叉学科的教学团队之间知识共享是产生新学术成果的助推器。而团队和企业、政府、社会组织之间的知识共享,体现在知识转移和知识创造方面,应用型本科院校教学团队此时就承担着咨询和智库的角色,这将对全社会知识流动和知识容量提升有积极影响。

在对部分教学团队进行调研和访谈时,我们发现教师们都普遍认可知识共享对教学团队发展的有利作用。但由于教学团队中相关制度的不完善、团队教师的私心以及团队意识不强等原因,在实际工作中,很多教学团队成员害怕自己的独有知识或成果被他人所占用,往往会秘而不宣,或保留核心部分不予公开,导致他人在使用时需要从头再来,浪费大量时间重复劳动,不仅造成时间、资源的浪费,也导致知识无法发挥更大效用或更大价值,对团队发展具有很大的阻碍作用。因此,有必要通过建立有效的共享机制、改善教学团队的组成结构、拓展教学团队知识容量、培育知识共享教学团队文化等策略,使教学团队成员迸发知识共享的热情,贡献独有知识,促进教学团队的知识共享,实现知识的最大化收益,进而带动教学团队的长期良性发展。

一、建立有效的共享机制

为了规范和管理团队教师知识共享的行为,从教学团队建立时就应建立相应的激励和约束机制,激发知识共享的正面行为和约束知识共享的不良做法。一般可以从以下几点做起:

(1) 与教学团队成员一起建立知识共享计划。在与教学团队成员共同制定个人与团队目标、工作计划的同时,请每一位团队教师写明愿意共享和期望获得的知识种类,应该给予的激励措施。然后在全体会议上公开讨论确定教学团队未来可能涉及的知识共享种类、共享方法、奖励措施,并书面记录,用于管理。

(2) 不同激励方式对应不同的知识共享行为,各种激励措施有机结合。比如某个知识成果获得的过程中可能花费教师个人一定的费用购买工具、资料时,可以进行相应的资金补贴;有些知识属于个人经验、技术总结的,可以采用表扬、优先职业发展等精神激励。

(3)倡导和培育知识共享精神,进一步提高教师修养和品格,让知识输出方获得团队的一致认可,得到大家的尊重,在精神上有满足感和共享欲望。

(4)适当的约束机制。①对于涉及知识产权的共享行为要有保护措施,一方面帮助教师出版或申请专利,另一方面也要约束团队教师合理合法使用,不能侵犯知识所有人的版权和所有权;②对于涉及保密性质的知识共享,要签署保密协议,禁止向规定范围外做传播,并应规定有效期限;③对于不愿意进行非保密知识共享的教学团队成员要给予适当的惩罚,必要时甚至令其退出教学团队。

二、改善教学团队的组成结构

应用型本科院校优秀教学团队一般由团队带头人、骨干成员和一般(青年)成员组成。在不同教学活动中,团队教师根据所长可能承担不同的任务,所以层级结构会频繁发生变化。同时,由于青年教师的成长,骨干教师与一般教师的区别和层级也会逐渐不明显。如果一直延续教学带头人→教学骨干→一般教师的结构运行,必然会造成知识流动的不对称,数量、质量的降低。此时,应尽量减少教学团队中自上而下的纵向管理结构,减少管理层次,构建扁平化横向团队结构,使团队教师间处于平等的角色,无论个人如何发展,都不影响相互之间的团队结构变化。这种扁平化团队结构,不仅可以增加管理的幅度,加强教学团队成员间的交流,使团队教师自主性增强,联系更紧密,更加信任和协作;而且,能促进隐性知识转化为显性知识,提高知识利用率,最终融入团队知识,有利于知识流动,对知识共享有促进作用。同时,针对教学团队知识流动的特点,在不同的活动中,知识源和知识受体可能发生转换,这种扁平化团队结构能有效降低成员间沟通的时间成本,提高知识共享效率,兑现团队教师知识共享的承诺。

当然,在扁平化团队结构中,作为教学团队带头人起到至关重要的作用,除了应具有团队管理技能外,还应当拥有知识共享理念,促成教学团队的知识共享。

三、拓展教学团队的知识容量

1. 建设学习型教学团队,丰富知识共享内容

建设学习型教学团队,通过经常性、多形式的学习,不仅能增加教学团队成员的知识容量、拓展团队成员的专业视野、增强知识共享技能,而且还能创造团队成员外部知识共享的机会,激发出创新灵感。

2. 打造多样化的知识共享形式

选择恰当的知识共享形式和手段,如面对面谈话、课题研讨会、经验交流会、网络虚拟沟通和书面文件交流等。一般来说,对于显性的知识共享,可以采用学习指导的方式,如推荐参考书、网络视频课程等,由知识接受者自行学习,知识提供者进行指导即可;而对于隐性知识的共享可以借助面对面的示范、展示等专门的表述方式,如知识输出和输入双方的单独对话交流或小班化课程讲解,有助于知识共享双方根据交流情况随时调整交流方式,使知识共享更高效。网络虚拟工具、电子邮件、群文件等方式则可缩短知识共享的时间和距离,使知识获取的障碍更小,也是知识共享的常用方式。

3. 建设知识共享系统

人类进入知识经济社会后,知识交换已不再受到时空距离限制,人们可以方便地运用各种媒介获取自己所需要的知识。教学团队可以充分利用现代信息手段,开发知识共享系统,建立紧随网络技术的交流平台,加快知识交换速度,尽最大可能实现知识共享,提高知识传播和转化效率。

教学团队的知识共享系统可包括开放性知识、限制性知识等不同内容,其中开放性知识除了供团队内教师共享外,也可对团队外人员开放,比如一些专业标准、规范、技术规程解读、课程大纲、授课计划、视频讲座、在线课程等;限制性知识则仅供团队内教师间共享,比如课题研究进程、研究内容、阶段性成果、专利、未公开出版的报告和论文等,可以设置访问限制,通过权限登录方式实现信息交流。

四、培育知识共享的教学团队文化

知识管理的本质是对人的管理,人头脑中的智力资源是知识管理的重点,人的重要性不可忽视。知识都是无形的,只有通过知识拥有者在交流、共享过程中的互动,知识才能不断流动,也才能促进知识共享和创新,因此在教学团队发展中要注重对人的管理,充分体现"以人为本"的理念,加强教学团队思想建设,培育知识共享的团队文化和激发团队成员知识共享愿望。

教学团队带头人首先要以身作则,愿意将自己的知识与团队成员共享。其次,要下大力气营造知识共享的氛围,创造教学团队中知识共享的机会,使团队教师能轻松愉快地享受团队合作,高度融入教学团队的工作,为了达成团队的共同目标而自愿贡献独有知识和技能。再次,要创造使团队成员能自由沟通的环境,促成成员宽松交流的氛围。最后,团队要有当面或虚拟的知识共享交流手段,形成定期知识交流的制度,如教学团队例会、工作汇报分析、私下聚会活动等。

第五节　实行教学团队的动态管理机制

应用型本科院校优秀教学团队的形成,对其教育教学质量的提高起到了极大的推动作用。但不可忽视的是,在教学团队建设中也确实存在着缺乏有效合理的评价与监管、重视教学团队的评选而轻视教学团队后续建设的问题。有的应用型本科院校仅仅把教学团队作为一种"荣誉称号",而对教学团队建设的长期性、综合性、系统性认识不足。甚至有些教学团队被确定为某个级别的教学团队(或优秀教学团队)之后便放松了自身的管理和建设,使团队名存实亡,可谓团队建成之日即为团队终结之时,这样就失去了团队建设与评选的意义,造成教育资源的严重浪费。由此,应用型本科院校必须根据当前各级教学团队的有关情况,构建科学合理的、便于操作的教学团队的管理制度,用于对教学团队的各项管理。鉴于教学团队的建设与发展是一个动态过程,上级教育主管部门和学校、院系应建立长效动态管理机制,团队自身也应建立对其成员的管理、约束与激励机制,使教学团队在建设过程中,通过外部环境预测、内部数据分析,对其建设与发展、管理手段进行适时调整和对计划进行修改补充,从而促进其持续良性发展。

为了实现对教学团队的动态管理,应用型本科院校可以通过调查,构建全面的多级多指标教学团队评价体系(如教学能力、学术能力、改革效果等),通过多个指标定期对教学团队成果统计和分析,根据指标变化和对教学团队工作的影响程度,制定相应的管理措施和计划,指导其沿着既定目标前进。

附录 1
关于对高校教学团队建设的调查问卷

尊敬的老师：

您好！我们是南京工程学院"应用型本科优秀教学团队建设研究"（江苏省教育科学"十三五"规划课题）课题组的老师，本调查问卷旨在了解高校已有教学团队的现状，希望您能抽空为我们填写以下调查问卷。本调查问卷仅作研究之用，请根据您的实际情况和真实意愿填写。您的配合将给予我们课题研究极大的支持，非常感谢！

第一部分　基本资料

1. 您所在学校的类型：_____
   A. 综合型　　　B. 研究型　　　C. 应用型　　　D. 高等专业学校
2. 您的年龄：_____
   A. 35 岁以下　　B. 36～49 岁　　C. 50 岁及以上
3. 您的性别：_____
   A. 男　　　　　B. 女
4. 您的学历：_____
   A. 大专及以下　B. 本科　　　　C. 硕士　　　　D. 博士
5. 您的高校教龄：_____
   A. 3 年以下　　B. 3～5 年　　　C. 6～10 年　　　D. 10 年以上
6. 您的职称：_____
   A. 助教　　　　B. 讲师　　　　C. 副教授　　　D. 教授

7. 您的学缘情况：_____
   A. 毕业留校　　B. 国内其他大学毕业受聘于该校
   C. 国外大学毕业回国任教
8. 您在教学团队中属于：_____
   A. 负责人　　B. 核心成员　　C. 一般成员

第二部分　关于教学团队的现状，请您选择认为符合的情况

1. 您所在的教学团队人数：_____
   A. 5人以下　　B. 6～10人　　C. 11～20人　　D. 20人以上
2. 您所在的教学团队成员结构非常合理：_____
   A. 非常符合　　B. 较符合　　C. 一般　　D. 不太符合
   E. 非常不符合
3. 您所在的教学团队有很明确的工作目标：_____
   A. 非常符合　　B. 较符合　　C. 一般　　D. 不太符合
   E. 非常不符合
4. 您所在的教学团队有规范的管理制度：_____
   A. 非常符合　　B. 较符合　　C. 一般　　D. 不太符合
   E. 非常不符合
5. 您所在的教学团队成员间经常进行教学和学术交流：_____
   A. 非常符合　　B. 较符合　　C. 一般　　D. 不太符合
   E. 非常不符合
6. 您所在的教学团队经常与校外相关组织和个人进行交流合作：_____
   A. 非常符合　　B. 较符合　　C. 一般　　D. 不太符合
   E. 非常不符合
7. 构建教学团队对教师教学能力提升有很大促进作用：_____
   A. 非常符合　　B. 较符合　　C. 一般　　D. 不太符合
   E. 非常不符合
8. 构建教学团队对学生学习效果提升有很大的促进作用：_____
   A. 非常符合　　B. 较符合　　C. 一般　　D. 不太符合
   E. 非常不符合

9. 学校对教学团队的建设非常重视：_____
   A. 非常符合　　B. 较符合　　C. 一般　　D. 不太符合
   E. 非常不符合

10. 教学团队得到的不同层面的资源供给非常充足：_____
    A. 非常符合　　B. 较符合　　C. 一般　　D. 不太符合
    E. 非常不符合

11. 您所在的教学团队有严格的"传帮带"带教指导：_____
    A. 非常符合　　B. 较符合　　C. 一般　　D. 不太符合
    E. 非常不符合

12. 完成了团队的相应任务后有明确的奖励激励机制：_____
    A. 非常符合　　B. 较符合　　C. 一般　　D. 不太符合
    E. 非常不符合

13. 目前的团队绩效评定非常合理：_____
    A. 非常符合　　B. 较符合　　C. 一般　　D. 不太符合
    E. 非常不符合

14. 您所在的教学团队成员有明确的责任划分：_____
    A. 非常符合　　B. 较符合　　C. 一般　　D. 不太符合
    E. 非常不符合

15. 团队成员之间团结紧密，有较强的认同感和归属感：_____
    A. 非常符合　　B. 较符合　　C. 一般　　D. 不太符合
    E. 非常不符合

16. 教学团队运行有各种良好的沟通平台：_____
    A. 非常符合　　B. 较符合　　C. 一般　　D. 不太符合
    E. 非常不符合

17. 团队领导对团队的建设起到重要作用：_____
    A. 非常符合　　B. 较符合　　C. 一般　　D. 不太符合
    E. 非常不符合

18. 团队核心成员控制着团队的话语权，一般成员发挥作用不大：_____
    A. 非常符合　　B. 较符合　　C. 一般　　D. 不太符合
    E. 非常不符合

19. 您所在的教学团队成员都积极努力参与团队工作：_____

A. 非常符合　　B. 较符合　　C. 一般　　D. 不太符合

E. 非常不符合

20. 您所在的教学团队有明显的教科研成果：_____

A. 非常符合　　B. 较符合　　C. 一般　　D. 不太符合

E. 非常不符合

附录 2
基于 CDIO 模式的建筑工程专业制图类课程教育实施方案

【摘要】 借助校级高等教育研究平台,基于 CDIO 工程教育模式,针对应用型本科建筑工程专业,从联系密切的相关课程交叉融合教学出发,对新课程体系的培养目标、教学内容、教材建设、教学方法、考核方式以及任课教师要求等方面进行分析研究和试点对比,提出项目教学实施过程,为高校建筑专业制图类相关课程的教育改革提供了一种可供参考的教学模式。

【关键词】 CDIO;教学融合;教学研究;项目实施

CDIO 是构思(Conceive)、设计(Design)、实现(Implement)、运作(Operate)四个英文单词的缩写,是"做中学"和"基于项目的教育和学习"的集中概括和抽象表达,是一种合作学习,团队成员之间相互探讨、交流、协作,共同完成项目设计、规划,最后独立实施完成项目。这样的学习模式,学生是中心,有一个明确的项目,在项目实施过程中,教师、技术人员会经常检查、督促项目进度,给予指导,帮助学生完成项目。通过项目实施形成专业能力,从而掌握专业技能。与传统的以学科为基础的教学法不同,项目教学强调以学生的主动学习为主,将学习与具体的项目挂钩,使学习者投入项目实施过程中,通过项目学习隐含在问题背后的科学知识。项目一般是真实的生产任务,把学习内容设置到复杂的、有意义的项目中,通过项目的实施发现问题、发现不足,达到真正掌握工作的技能,形成解决问题的技能和自主学习的能力。

南京工程学院作为应用型本科,是国家首批"CDIO 工程教育模式改革研究与实践"试点高校之一。在建筑工程专业的教学中,我们也致力于探索适合学

附录 2　基于 CDIO 模式的建筑工程专业制图类课程教育实施方案

校特色的 CDIO 工程教育模式,着手点是将联系密切的相关课程有机整合,交叉化、系列化教学。切合此次研究课题,将《建筑制图》和《计算机辅助制图》两门课程作为研究内容,并立足长远,试探性加入另一相关课程——《房屋建筑学》的内容,以寻求更多相关课程的一体化教学。

一、课程简介

《建筑制图》《计算机辅助制图》和《房屋建筑学》作为主要的专业基础课,是建筑工程专业学习的入门课程,几乎贯穿专业学习的整个过程。其中《建筑制图》是以画法几何为理论基础,研究图解空间几何问题的基本原理以及绘制、阅读建筑工程图样的基本方法,培养学生的空间想象力、思维能力,使学生具有画图、读图的基本能力,掌握手工绘图的基本技能,该课程总学时为 48 学时,其中理论教学 40 学时,手工绘图练习为 8 学时。《计算机辅助制图》主要教授计算机辅助绘图软件的基本操作以及在建筑图中的应用,培养学生计算机绘图的基本能力,该课程总学时为 32 学时,其中理论教学 12 学时,上机练习为 20 学时。《房屋建筑学》主要培养学生熟悉和掌握房屋的构造原理,能选择合理的构造方案进行建筑设计,并绘制相应的施工图,该课程总学时为 56 学时,另外配合两周的课程设计。三门课程所涉及的内容关联性强,且相辅相成。传统的教学方法是将三门课程放在不同学期依次进行,自成体系。在十余年的教学实践和教学研究中发现,这种情况下学习者的学习连贯性差,学习效果和综合使用能力不足,往往是学习后面课程时还要重新加强前面课程所学,效率低,进度慢,也失去了其专业基础课的功能。如何将上述三门相关课程进行合理且有效的教学安排,使三者内容相互渗透、紧密结合、获取最优的教学效果,是教学改革和教学实践中一项重要的研究课题。

二、教学改革实施方案

教学过程中积极推行基于工作过程的课程改革,把工学结合作为课程教学模式和改革的重要切入点。结合我院实际情况,在不影响其他专业、班级正常实习的情况下,制定了基于 CDIO 模式的项目教学改革实施方案。

1. 教学实施形式

为了便于组织教学,实施工学结合,组织少部分学生成立试点班级,教学过程采用教、学、做一体化教学模式,把每周 6 学时的授课集中在周末一天进行。这样安排既不影响正常的教学秩序,同时又能提高教学时间的利用效果。学生每四人为一个学习小组,学习过程中,面对项目共同讨论解决问题的方法,形成方案后,独自完成项目。教学实施中设一名主讲教师,两名实践指导教师,共同完成教学任务。每个项目采用"布置任务→知识点讲授→项目实施→发现问题→教师引导→学生完成项目"的教学步骤。

2. 课程内容规划

按照"理论够用,注重能力"的原则,经过几次调整,教学内容以图形绘制为切入点组织教学,强调理论与应用的结合,突出技能训练,采取做、学、教一体化的学习模式,根据岗位技能要求,课程内容划分为六个模块:制图基本要求、画法几何理论、专业图、综合绘图、设计房屋能力、综合设计。其中,制图基本要求、画法几何理论采用模型、实训结合的教学方法;专业图、综合绘图、设计房屋能力、综合设计部分主要采用案例教学法,通过具体的工程案例,使学生充分理解房屋设计步骤、构造要求、绘图要求、绘图技能,通过项目的实施,将各种专业知识与房屋建筑设计有机地融为一体,体现能力本位。整个过程紧紧围绕着"绘制合格的工程图样、设计经济合理的建筑方案"这个目标展开,前后呼应,体现了"任务驱动,过程导向"的改革思路。培养学生绘图和设计的能力,熟练掌握手工及计算机两种绘图技能,提高就业竞争力;综合设计和综合绘图部分主要培养、锻炼学生综合运用知识进行工程分析和几何分析,以及解决实际问题的能力。

3. 项目化教学内容设计

以"CDIO 工程教育模式"为前提的教学方法需要与工程实际密切结合,在教学过程中可以采用一个实际的工程项目为线索来展开相关的教学内容。这个实际的工程项目,可以是综合的,比如一个小型住宅区的建设项目;也可以是单项的,如一栋住宅楼或办公楼的建设项目。但该工程项目必须是符合课程特点、有代表性,且应便于搜集设计资料和现场观摩教学的。

制图基本要求、画法几何理论两个模块可以分两个方面进行:

(1)分解式教学。将教学所选择的工程建筑物进行分解,然后再将分解后的各个部分结合理论知识进行讲授。主要用于空间建筑形体的二维表示理论与方法(即画法几何部分)、建筑细部构造等部分的教学。

附录2　基于CDIO模式的建筑工程专业制图类课程教育实施方案

（2）整体式教学。经过分解式教学后，结合工程项目的图纸及实物进行建筑物整体方案设计、读图识图、整套施工图绘制等内容的讲授，将所学的分体知识组合起来。

专业图、综合绘图、设计房屋能力、综合设计四个学习模块则有目的性的设计了四个项目：看懂一整套建筑施工图、依据建筑实物手工绘制一套建筑施工图、设计一个单独建筑物（含空间布局、细部构造）、利用计算机软件绘制上个项目所设计的整套建筑施工图（含平、立、剖、详图等）。这四个项目的设计遵循从简单到复杂、由浅入深的规律，循序渐进，使学生始终感到有能力完成项目，激发学生学习动力，这是项目能够进行下去的基础。

4. 项目教学实施过程

项目教学实施结合一个具体建筑物，把工作任务布置给学生，明确要求及考核标准，把"做、学、教"的教育理念贯彻到项目的实施过程中。主讲教师结合工作任务，把规定、方法、细节要求、结果实现等专业知识与设计和绘图能力培养有机地融合在一起，提高学习效果。

5. 把握项目实施过程中的关键环节

教、学、做一体化的项目教学模式突出了"课堂是灵魂，学生是主体，教师是关键"的教学理念。教学过程中教师慢慢"隐退"，仅在关键时刻起到点拨、指导作用。在项目实施过程中，要求学生自己构思、动手完成，每个学生都有自己的任务，都要接受检查、考核，成绩评定应注重过程考核，这是解决学生不主动学习的关键。项目实施过程，应把握几个主要环节：必备的理论知识、必备的实践知识、必须遵循的标准规范、项目实施现场情况记录单、项目实施进程记录单、项目评分标准、学生互评得分表等。前三个环节是准备阶段，项目实施前，学生必须掌握必备的知识与技能，如能熟练地绘制图线、书写工程字体、表达工程符号、正确地使用工具、合理制定设计方案等，并结合项目完成相应的要求，如正确填写图形文件、把学习的情况总结成项目报告（项目报告也有具体的格式要求）等。后三个环节是项目实施阶段，项目实施过程中，教师会根据工作环境、工具设备状况、纪律情况等填写"项目实施现场情况记录单"，重点考察学生的动手能力、工程素养、工作态度等。学生也要把实施过程中遇到的问题、解决的方法以及收获等情况记录下来，填写"项目实施进程记录单"。项目结束后，根据完成情况由教师填写"项目评分标准"，小组成员之间也要根据平时表现，相互评分,最后由教师汇总这些情况,连同项目报告,给出单元成绩,四个单元成绩的综合就是课程的最终成绩。哪个单元成绩没有通过考核,学生必须利用课外时间重修哪个单元。

6. 注意任课教师的能力培养

教师是课程的研究者、计划者、实践者和建设者,是课程建设的关键要素。本次教学实施中设一名主讲教师,两名实践指导教师,共同完成教学任务。由于新课程是三门课程内容的交叉融合,再加上教学手段多样化、方法工程化,对任课教师的要求也有了大幅度的提高,教师队伍必须向结构合理、专业综合化发展。不仅要求理论知识扎实、专业技能过硬,更要有丰富的工程设计和实践经验,要做到面面俱到。所以必然要求任课教师要随着行业新技术、新理论、新方法的不断进步,加强自身学习,巩固理论知识,加强实践和工程经验,理论与实践相结合,能把专业理论与实践技能同时传授给学生,有的放矢地开展教学工作。

三、项目教学改革的意义

随着社会的飞速发展,更高层次、更大范围的竞争归根结底是人才的竞争。时代要求大学所培养的人才应当有创新的思想、全面的素质,既要有扎实的理论基础知识,又要有较强的实际动手能力。此外,新理论、新技术、新方法不断涌现,特别是信息革命带来的巨大变化,也对大学培养人才提出了新的要求。对于土木工程专业来说,高等院校培养的人才既要有"知识",更重要的是要有"技能",而要使知识和技能在土木工程专业中有机结合,突出工程图样"工程界语言"的地位,充分发挥制图和识图技能作为土建行业中交流的手段的作用,研究一种学生接受易、上手快、实用性强的课程教学方法,探索一条与国际教育理念接轨的教学手段,无论从理论价值,还是从实践意义上讲,都对应用型人才的培养目标具有一定的推动作用。

1. 利于提高学生的就业能力

通过具体的项目实施,实现真正意义上的"做中学,学中做",变解释问题为解决问题。项目教学没有改变原有的知识结构、能力结构,变化的仅仅是"项目"。这样的教学模式,授课内容的组织编排灵活、方便,针对性强,就业后能很快适应岗位。此外,教学内容能够根据市场和社会需求灵活调整,针对性强,从而为校企合作、定单式培养提供理论保证。

2. 利于实施"证书"教育

具体的项目就是一个建筑物,完成项目就意味着掌握了建筑物的构想、设计及出图,实现了课程教学的实用性,真正具备了必要的技能水平。考核中依据职业资格鉴定标准(如绘图员标准、CAD专业认证标准等),制定项目评价标准,便于将技能证书引入课程体系,达到实训内容与技能鉴定相结合,提高了证书的"含金量",也增加了就业砝码。

3. 利于分层培养

项目教学的项目有容易的,也有难的;有简单的,也有复杂的。在项目选择、布置工作任务时应根据不同学生的具体情况(能力、特长)而有所侧重,并且在过程考核、评价标准方面区别对待,以充分调动每个学生的积极性,挖掘每个学生的潜能。通过分层培养,使不同层次学生的能力均得到提高。

四、结语

通过教学研究、实践与改革,使学生有更多的机会接触生产和建设工程实际,提高了他们的学习兴趣,学生普遍反映对知识的掌握比较牢固,能够根据具体情况灵活运用知识,在学生中形成一种"因为要用,所以要学"的氛围。

参考文献

[1] 斯蒂芬·罗宾斯.组织行为学[M].北京:中国人民大学出版社,1997

[2] 姚裕群.团队建设与管理[M].2版.北京:首都经济贸易大学出版社,2013

[3] 靳永慧,甄亚丽,郝敬京.专业技术人员团队合作能力与创新团队建设读本[M].北京:中国人事出版社,2012

[4] (美)Richard L. Daft.组织理论与设计[M].王凤彬,等译.北京:清华大学出版社,2017

[5] (美)帕特里克·麦克纳,大卫·梅斯特.专业团队的管理[M].林屾,译.北京:机械工业出版社,2018

[6] 尤建新,王莉,赵红丹.管理与组织行为学[M].北京:清华大学出版社,2016

[7] (美)利·汤普森.创建团队[M].方海萍,等译.北京:中国人民大学出版社,2007

[8] 孙义,张钦.优秀团队建设:创造每一个员工都想要归属其中的组织[M].北京:人民日报出版社,2018

[9] 胡丽芳,张焕强.团队工作实务[M].深圳:海天出版社,2004

[10] 王桢.构建高效团队:基于领导行为的视角[M].北京:社会科学文献出版社,2013

[11] 金跃军.打造高效能团队的93个经典故事[M].北京:地震出版社,2005

[12] 吕国荣.团队管理的49个细节[M].北京:企业管理出版社,2005

[13] 张智慧.团队精神:打造黄金团队[M].北京:新华出版社,2007

[14] 辛海.团队为赢:造就卓越团队的第一行为准则[M].北京:中华工商联合出版社,2007

[15] 钟离图美.蚁道:打造高绩效团队的关键[M].北京:中国民航出版社,2005

[16] (英)大卫·普拉兹.信任成就团队[M].铭泰,立意,译.北京:人民邮电出版社,2005

[17] 何致远.凝聚力的产生:培养高效团队的学问[M].北京:海潮出版社,2004

[18] (美)兰妮·阿里顿多.有效沟通[M].杨大鹏,桑瑜,译.北京:企业管理出版社,2001

[19] (美)克里斯蒂娜·考弗曼.团队核能[M].范海滨,译.北京:北京联合出版社,2016

[20] 苏伟伦.卓有成效的激励[M].北京:电子工业出版社,2006

[21] (美)莱曼·W.波特,格雷戈里·A.比格利,理查德·M.斯蒂尔斯.激励与工作行为[M].陈学军,等译.北京:机械工业出版社,2006

[22] 多维.一分钟激励[M].北京:中国致公出版社,2005

[23] 尹隆森,孙宗虎.目标分解与绩效考核设计实务[M].北京:人民邮电出版社,2006

[24] 罗振军.七步打造完备的绩效管理体系[M].哈尔滨:哈尔滨出版社,2006

[25] 傅宗科,袁东明.创建学习型组织的策略与方法[M].上海:上海三联书店,2005

[26] 姜伟东,叶宏伟.学习型组织:提高组织的学习力[M].南京:东南大学出版社,2003

[27] 解玉鹏.高校教学团队建设研究[D].湖南大学硕士学位论文,2010

[28] 吕改玲.我国高校教学团队建设研究[D].中南民族大学硕士学位论文,2008

[29] 李漫.高等院校优秀教学团队的构建和运行模式研究[D].南京理工

大学硕士学位论文,2008

[30] 郝鹏,李锦华,任志涛.应用型本科专业教学团队建设效果评价研究——以工程造价专业为例[J].天津城市建设学院学报,2013,19(4):307-312

[31] 于丽英.基于团队效能的高校教学团队建设研究[D].大连理工大学硕士学位论文,2011

[32] 赵真.基于知识共享的高校教学团队管理研究[D].上海交通大学硕士学位论文,2010

[33] 黄利国,高丽.基于熵值法的高校教学团队动态管理模式的构建[J].泰山学院学报,2014,19(4):66-70